职业教育·道路运输类专业教材

公路工程计量与支付实务

吴美红 胡 欣 主 编
颜长平 侯云飞 副主编
肖 颜 陈晓明 主 审

人民交通出版社股份有限公司
北京

内 容 提 要

本书为职业教育道路运输类专业教材，围绕"湖北1+8城市圈出口路某高速公路建设项目"这一具体工程实例，串联组织教材内容，以处理公路建设中不同阶段遇到的计量与支付问题为主线，主要介绍了公路工程造价管理概述、公路工程工程量清单、公路工程计量与支付、公路工程工程量清单计量规则、工程计量支付软件简介等内容。

本书可作为职业教育道路运输类专业公路工程计量与支付课程教材使用，也可供从事公路工程计量与支付工作的技术人员参考。

本书有配套教学课件，教师可通过加入职教路桥教学研讨群（QQ561416324）获取。

图书在版编目（CIP）数据

公路工程计量与支付实务 / 吴美红，胡欣主编. —北京：人民交通出版社股份有限公司，2023.6
ISBN 978-7-114-18013-2

Ⅰ.①公… Ⅱ.①吴… ②胡… Ⅲ.①道路工程—工程造价—教材 Ⅳ.①U415.13

中国版本图书馆 CIP 数据核字（2022）第 096598 号

Gonglu Gongcheng Jiliang yu Zhifu Shiwu

书　　　名：	公路工程计量与支付实务
著 作 者：	吴美红　胡　欣
责任编辑：	刘　倩
责任校对：	孙国靖　卢　弦
责任印制：	刘高彤
出版发行：	人民交通出版社股份有限公司
地　　　址：	（100011）北京市朝阳区安定门外外馆斜街3号
网　　　址：	http://www.ccpcl.com.cn
销售电话：	（010）59757973
总 经 销：	人民交通出版社股份有限公司发行部
经　　　销：	各地新华书店
印　　　刷：	北京虎彩文化传播有限公司
开　　　本：	787×1092　1/16
印　　　张：	13.5
字　　　数：	311 千
版　　　次：	2023 年 6 月　第 1 版
印　　　次：	2024 年 6 月　第 2 次印刷
书　　　号：	ISBN 978-7-114-18013-2
定　　　价：	42.00 元

（有印刷、装订质量问题的图书，由本公司负责调换）

本教材及任务单编审委员会

主　编：吴美红、胡欣（武汉交通职业学院）
　　　　段超（长沙计支宝信息科技有限公司）

副主编：颜长平（武汉交通职业学院）
　　　　侯云飞（长沙理工大学）
　　　　丁永灿（广西交通职业技术学院）

主　审：陈晓明（江西交通职业技术学院）
　　　　肖颜（湖南交通职业技术学院）

参　编：云瑞俊（中国交通建设股份有限公司）
　　　　谈云（中铁隧道局集团有限公司）
　　　　陈亚平、杨鹏（中国铁建昆仑投资集团有限公司）
　　　　唐国良（湖北省路桥集团有限公司）
　　　　聂长福、罗传忠（文山州路桥有限责任公司）
　　　　李治国（鄂尔多斯市交通运输综合执法支队）
　　　　尚新鸿（河北交通职业技术学院）
　　　　闫海峰（河南交通职业技术学院）
　　　　张振平（山东交通职业学院）
　　　　周庆华（陕西交通职业技术学院）
　　　　鄢真、李洪梅（江西交通职业技术学院）
　　　　钱源（甘肃交通职业技术学院）
　　　　陈诗琳（新疆交通职业技术学院）

肖厚婷(湖北交通职业技术学院)
杨墉金、罗川、谭琪琛(江西建设职业技术学院)
李和志(湖南城建职业技术学院)
王义丽(湖南工程职业技术学院)
王凌云(湖南有色金属职业技术学院)
田甜(武汉工程职业技术学院)
谭晓莉(恩施职业技术学院)
廖玲(永州职业技术学院)
谭竹龄(江西工业工程职业技术学院)
徐琼(九江职业技术学院)
吴志军、胡杰(长沙计支宝信息科技有限公司)

　　"公路工程计量与支付"是道路工程造价专业的核心课程,也是道路与桥梁工程技术专业及其他相关专业的技能课程。教材编写前,编者对多家公路建设项目的建设单位、监理单位、施工单位及公路工程计量与支付软件开发单位进行了调研,分析了公路建设过程中计量与支付岗位需要的职业能力,确定了岗位典型工作任务,明确了本教材以培养学生具备公路工程计量支付能力为目标,使学生在具备公路工程计量与支付基本知识和实践技能的基础上,结合公路工程造价相关职业资格证书的要求,达到运用国家现行的最新法律、法规和标准文本,解决工程造价相关问题的能力。

　　本教材由校企"双元"合作开发而成,以真实项目案例"湖北 1+8 城市圈出口路某高速公路建设项目"串联、组织教材内容,以培养学生在公路建设不同阶段处理计量与支付问题应具备的能力为主线,突出对学生动手计算和问题分析能力的提升。此外,本教材还介绍了信息技术在公路工程计量与计价领域的应用,强化实践教学环节。

　　本教材主要特色和创新有如下:

　　(1)校企"双元"合作开发,理论与实践相结合。

　　本教材按照知识传授与技术技能培养并重的原则,校企"双元"合作开发,促进理论与实践相统一,注重职业岗位技能培训,注重教材内容与企业岗位需求相适应。根据职业能力要求及教学目标,本教材构建了五个模块,并配套了九个学习任务单(另册)。依托本书开展教学活动时,各使用院校可结合本校的实训条件开展实训,切实增强学生对职业岗位的适应能力。

　　(2)以工作任务为载体,强化产教融合。

　　将典型工程实例贯穿于教材各模块,结合具体知识点、职业技能对接公路工程计量与支付全过程,强化产教融合。遵循"工作过程导向"理念,将工程实际中应用的知识、造价员的考试内容有机融入教材。同时引入行业职业标准,实现教材内容与职业岗位需求的有效衔接。此外,本教材还拓展介绍了公路计量支付软件,反映了产业升级、技术进步和职业岗位的要求,为学生的专业学习奠定了良好基础。

(3)"教材"与"学材"融合,体现课程思政特色。

按照"以学生为中心,以学习成果为导向,促进自主学习"思路进行教材开发,弱化"教学材料"的特征,强化"学习材料"的功能,通过教材引导,构建深度学习知识体系,培养学生自主学习能力。按照公路工程施工企业计量员岗位职责要求和职业标准,将"课程思政"有机融入教材中,达到"润物细无声"的育人效果。

(4)紧密结合行业新标准规范,反映行业发展新趋势。

教材内容结合现行《中华人民共和国招标投标法》(2017年12月修正)、《中华人民共和国招标投标法实施条例》(2019年3月第三次修订)、《公路工程标准施工招标文件》(2018年版)、《公路工程标准施工招标资格预审文件》(2018年版)、《公路工程建设项目造价文件管理导则》(JTG 3810—2017)等进行编制。

(5)"纸数融合",配套丰富教学资源。

本教材涉及相关标准规范较多,学生可以在课堂内外通过扫描二维码查阅相关资料,同时我们也会根据行业发展,及时更新、完善二维码所链接的资源。

本教材由武汉交通职业学院吴美红、胡欣担任主编,武汉交通职业学院颜长平、长沙理工大学侯云飞担任副主编,湖南交通职业技术学院肖颜、江西交通职业技术学院陈晓明担任主审,全书由吴美红统稿。

在教材编写期间,中交第二公路勘察设计研究院有限公司、湖北汉鄂高速公路有限公司等单位为本教材提供了部分案例和编写建议,在此表示感谢!在编写过程中,编者参阅了国内外一些专家和学者的研究成果及相关文献,在此一并表示感谢!本教材的出版得到了交通类各兄弟院校同人、行业企业专家、人民交通出版社股份有限公司多位编辑的大力支持,特致谢意。

由于编者水平有限,不妥之处敬请读者批评指教,以便再版时修改。

编　者

2023年3月

目录 CONTENTS

模块 1　公路工程造价管理概述 ··· 001
 单元 1.1　公路工程造价管理标准化和信息化现状 ·· 002
 单元 1.2　公路工程全生命周期造价管理 ··· 006
 单元 1.3　公路工程项目计量与支付管理及造价工程师职业资格考试 ····················· 011

模块 2　公路工程工程量清单 ··· 021
 单元 2.1　工程量清单概述 ··· 025
 单元 2.2　工程量清单的特点及应用特征 ··· 027
 单元 2.3　工程量清单编制及内容 ·· 030
 单元 2.4　工程量清单编写注意事项及案例 ··· 041

模块 3　公路工程计量与支付 ··· 053
 单元 3.1　计量与支付基础知识 ··· 054
 单元 3.2　公路工程计量 ·· 060
 单元 3.3　公路工程费用的结算与支付 ·· 066
 单元 3.4　公路工程进度款支付、交工结算及最终结清 ······································· 076
 单元 3.5　公路工程变更、索赔及价格调整 ··· 080

单元3.6　公路工程竣工决算 ………………………………………………… 085

模块4　公路工程工程量清单计量规则 …………………………………………… 087
　　单元4.1　工程量清单计量的一般规定 …………………………………… 088
　　单元4.2　工程量清单中总则计量规则 …………………………………… 091
　　单元4.3　工程清单中路基计量规则 ……………………………………… 093
　　单元4.4　工程量清单中路面计量规则 …………………………………… 101
　　单元4.5　工程量清单中桥梁、涵洞计量规则 …………………………… 104
　　单元4.6　工程量清单中隧道计量规则 …………………………………… 111
　　单元4.7　工程量清单中安全设施及预埋管线计量规则 ………………… 115
　　单元4.8　工程量清单中绿化及环境保护设施计量规则 ………………… 117

模块5　工程计量支付软件简介 …………………………………………………… 119
　　单元5.1　信息化时代下的公路工程计量 ………………………………… 120
　　单元5.2　计量支付软件 …………………………………………………… 121

参考文献 …………………………………………………………………………… 125

公路工程造价管理概述

模块 1

● 学习目标	1. 了解公路工程造价管理标准化及信息化现状； 2. 掌握全生命周期各阶段造价管理的主要内容； 3. 熟悉施工阶段计量与支付管理办法； 4. 了解造价工程师职业资格考试相关要求。
● 素质目标	1. 培养学生的家国情怀和责任担当； 2. 培养学生维护公平公正市场秩序的法律意识和社会责任感； 3. 提高学生专业认同感和职业归属感。

单元 1.1　公路工程造价管理标准化和信息化现状

一、建设工程造价管理标准化现状

（一）建设工程造价管理标准化开展情况

各级建设主管部门主要从计价依据管理、造价文件编审、招投标与合同管理、资金使用监督、造价从业人员和咨询单位管理等方面制定了一系列的技术标准和规章制度，见表1-1。

造价相关技术标准和规章制度一览表　　表1-1

分类	技术标准和规章制度	颁布单位
计价依据管理	《全国统一安装工程基础定额》(GJD 203—2006)	住房和城乡建设部
	《全国统一施工机械台班费用定额》(2018年版)	
	《建设工程计价设备材料划分标准》(GB/T 50531—2009)	
	《关于工程建设其他费用项目划分暂行规定》	
	《中华人民共和国标准施工招标文件》(2018年版)	
	《建设工程工程量计价规范》(GB 50500—2013)	
造价文件编审	《建设项目投资估算编审规程》(CECA/GC1—2015)	中国建设工程造价管理协会
	《建设项目设计概算编审规程》(CECA/GC2—2015)	
	《建设项目施工图预算编审规程》(CECA/GC5—2010)	
	《建设工程招标控制价编审规程》(CECA/GC6—2011)	
	《建设项目工程结算编审规程》(CECA/GC3—2010)	
	《建设项目全过程造价咨询规程》(CECA/GC4—2017)	
	《建设工程造价咨询成果文件质量标准》(CECA/GC7—2012)	

续上表

分类	技术标准和规章制度	颁布单位
招投标与合同管理	《建设工程价款结算暂行办法》(财建[2004]第369号)	住房和城乡建设部
	《工程担保合同示范文本(试行)》(建设[2005]第74号)	
	《建设工程勘察设计合同》(GF—2016—0203)	
	《建设工程施工合同(示范文本)》(建[1999]第313号)	
	《建设工程施工专业分包合同(示范文本)》(2015)	
	《建设工程施工劳务分包合同(示范文本)》(2016)	
	《工程建设监理合同(示范文本)》(GF—2012—0202)	
	《建筑工程造价咨询合同(示范文本)》(GF—2015—0212)	
资金使用监督	《建设工程质量保证金管理暂行办法》(建质[2016]295号)	
	《高危行业企业安全生产费用财务管理暂行办法》(财企[2006]478号)	
造价从业人员咨询单位管理	《造价工程师职业资格制度规定》(建人[2018]67号)	住房和城乡建设部三部门
	《注册造价工程师管理办法》(建设部令[2006]150号)	住房和城乡建设部
	《工程造价咨询单位资质管理办法(试行)》(建标[1996]133号)	
	《工程造价咨询单位管理办法》(建设部令[2000]74号)	
	《工程造价咨询单位执业行为准则》(中价协[2002]015号)	
	《全国建设工程造价员管理办法》(中价协[2011]024号)	中国建设工程造价管理协会

(二)公路工程造价管理标准化开展现状

各级交通运输主管部门制定了一系列规章制度、技术标准,以规范公路工程造价管理。交通运输部制定了《公路工程基本建设项目投资估算编制办法》(JTG 3820—2018)、《公路工程估算指标》(JTG/T 3821—2018)、《公路工程基本建设项目概算预算编制办法》(JTG 3830—2018)、《公路工程概算定额》(JTG/T 3831—2018)、《公路工程预算定额》(JTG/T 3832—2018)、《公路工程机械台班费用定额》(JTG/T 3833—2018)、《公路建设项目工程决算编制办法》(交公路发[2004]507号)、《公路工程标准施工招标文件》(2018年版),用以规范公路建设项目的投资估算、设计概算、施工图预算、工程结算、竣工决算等造价文件的编制;出台了《公路工程施工招标投标管理办法》(交通部令2006年第7号)、《公路建设市场管理办法》(交通运输部令2015年第11号)、《公路工程设计变更管理办法》(交通部令2005年第5号)、《公路工程竣交工验收办法》(交公路发[2010]65号)、《公路建设监督管理办法》(交通部令2006年第6号)等规范性文件,加强对概预算、变更预算、竣工决算的审批,以及对合同文件和造价过程的监督管理;与住房和城乡建设部、水利部等三部门联合发布了《造价工程师职业资格制度规定》(建人[2018]67号),规范公路工程造价从业人员资格管理。

二、工程造价管理信息化建设

(一) 工程造价管理信息化发展回顾

1963年，日本学者Tadao Umesao首次提出信息化概念，并将其定义为通信现代化、计算机化和行为合理化的总称。从20世纪50年代至今，我国工程造价管理事业从无到有、从小到大，经历了三次明显变革，实现了跨越式发展。在这个发展过程中，工程造价管理信息发展也呈现出3个阶段，如表1-2所示。

我国工程造价管理信息化发展阶段　　　　表1-2

发展轴	20世纪90年代前	20世纪90年代中期	21世纪初
计量计价技术的发展	人工计算或借助简单的工具	专用计价软件	图形算量
定额管理信息化	建设主管部门授权，收集、分类、分析、整理建材价格资料，发布建设工程的材料差价调整系数等	创刊了《工程造价管理》期刊，每季度向社会发布建设工程市场指导价、建筑安装工程造价指数和"三材"价格指数	定额管理软件
信息获取方式	翻阅纸质的工程计价信息	查阅电子期刊或网上信息	自动上价（计价软件挂载信息系统）

20世纪90年代前，工程造价呈现了以工具软件为代表的初步信息化，其是以单一功能的工具性软件应用为主要特征的发展阶段，表现为预算软件的出现和应用。20世纪90年代中期，工程造价实现了以"工具软件+互联网"为依托的中级信息化，其是以互联网技术初步应用为主要特征的发展阶段，开始出现社会化的造价信息数据。21世纪初，工程造价形成以"工具软件+互联网+造价管理软件"为主的高度信息化，其是以管理性软件系统初步应用为主要特征的发展阶段，一些企业开始尝试利用计算机和网络技术提高业务管理水平，出现了定额管理软件及服务于工程建设参与各方的全过程工程造价管理软件。

(二) 工程造价管理信息化现状

工程造价管理信息化现状主要从平台建设和软件建设两方面进行介绍。

1. 平台建设

当前，建设主管部门或造价管理机构主要采用门户网站与核心业务结合的信息化方案开展造价管理工作，体现平台化管理。造价管理机构通过门户网站发布政务信息，计价依据信息，工程造价指标、指数、价格信息，咨询单位、从业人员信息；信息员通过门户网站实现人工、材料、机械价格信息和工程项目造价数据的上报；建设主管部门或造价管理机构通过门户网站的政务平台接口或其他专用接口对用户进行行政许可、人员考试报名等业务的在线办理、沟通互动。目前，国家层面的建设工程造价管理信息化平台是"中国建设工程造价信息网"，网址为http://www.cecn.gov.cn，其界面如图1-1所示。造价咨询企业和从业人员管理相关业务的信息化平台是"中国建设工程造价管理协会网站"，网址为http://www.ccea.pro，其界面如图1-2所示。地方建设部门或造价管理机构开通的造价管理网站功能基本类似，各省都有相应的工程造价信息网。

图 1-1　中国建设工程造价信息网界面

图 1-2　中国建设工程造价管理协会网站界面

2. 软件建设

在工程造价管理工具软件信息化方面,伴随传统工程计价、计量软件日趋成熟,工程计价、计量软件已经成为工程造价从业人员必不可少的执业工具。很多企业也开始运用管理型软件来提高企业效率,形成以专业工具软件为主,办公管理软件为辅的软件应用局面。目前,企业普遍使用软件进行建设工程估算、概算、预算、招标控制价、投标报价、结算等造价文件编制，如集专业技术与数字信息技术于一身的建筑信息模型（Building Information Modeling，简称BIM）、云技术等；根据管理需要或市场需求，开发项目管理系统，实施施工过程造价管理；建立造价信息数据库，查询从业人员基本信息、历史项目造价信息；将管辖范围内的造价业务整合，开发综合管理系统并借助互联网实现不同单位、人员之间信息交互。

我国工程造价信息化是围绕计算机技术、信息技术、造价改革与发展等脉络而不断向前发展的。随着计算机辅助技术和网络信息系统的广泛引入，将会使工程造价的确定和控制更加科学、可靠，更趋现代化、系统化。未来，信息化必将在工程造价行业里发挥着越来越重要的作用。

单元1.2　公路工程全生命周期造价管理

公路工程造价管理，与工程质量管理、进度管理、安全管理、环保管理共同构成公路工程建设项目管理的五大任务，贯穿于公路工程建设管理全过程，体现在公路工程建设的每一个环节。

一、全生命周期造价管理概述

（一）全生命周期造价管理的内涵

20世纪70年代末和80年代初，英美工程造价界的学者和实际工作者提出了以实现整个项目生命周期总造价最小化为目标的全生命周期造价管理理论（Life Cycle Costing，简称LCC）。后在英国皇家测量师协会的直接组织和大力推动下，逐渐形成了一种较为完整的工程造价管理理论和方法体系。LCC在英文文献中有不同的叫法，如"Whole Life Costing（WLC）""Total Life Costing（TLC）""Through Life Costs（TLC）"等。LCC在汉语中也有不同的名称，如"全寿命周期成本""全寿命周期费用""全寿命周期造价""全生命周期成本"等。

全生命周期造价管理思想的核心是通过综合考虑项目全生命周期中的建设期成本和运营期成本，努力争取实现项目价值最大化，即以较小的全生命周期成本去完成项目的建设和运营，如图1-3所示。

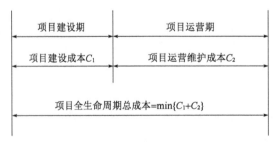

图1-3　全生命周期造价管理核心思想

全生命周期造价管理模式更加提倡管理者立足长远,以精细化的造价管理覆盖整个施工流程,从而达到防微杜渐、优化企业经济效益的目的。从建设实践来看,部分造价管理者全局意识不强,造价管理的重点放在施工阶段,对其他阶段的造价管理分析不足,使得有限的建设资金得不到灵活的配置。从工程建设项目造价管理分析来看,各阶段的造价管理成本比重分布各异,因此,造价管理人员在前期应结合市场的行情和工程的具体要求科学编制预算,并将其与造价管理相结合,综合分析各施工环节的技术要点,为全生命周期造价管理的实施奠定扎实的基础。在具体的实施过程中,造价管理人员应密切观察施工动向,科学引导施工,确保施工现场秩序化、规范化,消除施工隐患,严格落实质量监督工作,确保施工质量达到预期标准。

(二) 全生命周期造价管理的意义及作用

建设工程全生命周期造价是指建设工程初始建造成本和建成后的日常使用成本之和,包括项目决策、设计、施工、竣工验收、运营维护各阶段的成本。工程造价在工程建设及使用的不同阶段存在诸多不确定性,因此,全生命周期造价管理以实现建设工程全生命周期造价最小化为指导思想,具有重要的现实意义。

1. 决策依据更合理,投资决策更科学

全生命周期造价管理不仅考虑了建设项目的建设造价,而且将设施移交后的运营和维护成本也纳入管理范围。从长远的观点看,前期建设造价将对未来运营和维护产生重大影响,施工成本只是项目全生命周期中很小的一部分,因此,自决策阶段开始,将一次性建设造价和未来的运营和维护成本加以综合考虑,取得二者之间的平衡,加强全生命周期造价管理才是具有战略性的选择。

2. 易于优化工程设计,降低项目全生命周期造价

全生命周期造价管理的思想和方法可以指导设计者自觉地、全面地从项目全生命周期出发,综合考虑工程项目的建设造价和运营与维护成本,从而实现更为科学的建筑设计和更加合理地选择建筑材料,在确保设计质量的前提下实现降低项目全生命周期造价的目标。

3. 科学合理地确定建设方案

全生命周期造价管理的思想和方法可以在综合考虑全生命周期造价的前提下,使施工组织设计方案的评价、工程合同的总体策划及工程施工方案的确定更为科学合理。

二、全生命周期造价管理的组成部分

结合全生命周期造价管理理论,将公路工程项目造价管理分为决策阶段造价管理、设计阶段造价管理、施工阶段造价管理、竣工验收阶段造价管理、运营及维护阶段造价管理五个部分。

(一) 公路工程项目决策阶段造价管理

项目决策阶段的造价管理是指投资方对项目编制可行性研究报告,并对拟建项目进行经济和财务评价,选择技术上可行、经济上合理的建设方案,并在此基础上编制高质量的投资估算,使其在项目建设中真正起到控制项目总投资的作用。只有重视了项目决策阶段的造价管理,而不是只凭决策者的经验和直觉进行项目决策,并且要立足于事前控制和主动控制,加强建设项目可行性研究,严格控制投资估算,科学地进行项目投资财务评价,才能从根本上解决

建设项目投资决策失误和造价失控的问题。

1. 决策阶段的工作内容

工程项目决策阶段的主要工作包括：投资机会研究、初步可行性研究、可行性研究、项目评估及决策。此阶段的主要目标是对工程项目投资的必要性、可能性、可行性，以及为什么要投资、何时投资、如何实施等重大问题，进行科学论证和多方案比较。本阶段工作量不大，但却十分重要。

投资决策是投资者最为重视的，因为它对工程项目的长远经济效益和战略方向起着决定性的作用。为保证工程项目决策的科学性、客观性，可行性研究和项目评估工作应委托高水平的咨询公司独立进行，可行性研究和项目评估应由不同的咨询公司来完成。

2. 项目决策阶段造价管理的主要内容

项目决策阶段的造价管理，主要从整体上把握项目的投资，分析确定影响项目投资决策的主要因素，编制建设项目的投资估算，对项目进行经济财务分析，考察项目的国民经济评价与社会效益评价，结合项目投资决策阶段的不确定性因素并对项目进行风险管理等。

(二) 公路工程项目设计阶段造价管理

基于对大型工程项目的造价控制分析与研究，发现项目规划设计阶段的方案选择对其工程整体投资影响最大，可以占80%以上。规划设计水平的优劣，对工程实物的投资、工程进度和建设质量有着非常大的影响。

1. 设计阶段工程造价管理的意义

在设计阶段控制好工程造价，需要预算人员和设计人员密切配合。工程设计阶段的造价管理是整个建设工程造价管理的重点，设计是否经济合理对控制工程造价具有十分重要的意义。

(1) 在设计阶段进行工程造价的计价分析可以使造价构成更合理，提高资金利用效率。

(2) 在设计阶段进行工程造价的计价分析可以提高投资控制效率。

(3) 在设计阶段控制工程造价可以使控制工作更主动。

(4) 在设计阶段控制工程造价更便于技术与经济相结合。

2. 设计阶段工程造价管理的内容

设计阶段的造价管理贯穿于设计全过程，包含了资金规划与造价控制两方面的内容。

(1) 设计阶段的资金规划

项目管理的核心任务是项目的目标控制。设计阶段的资金规划正是设计阶段及其后续阶段进行造价管理的目标与基础。设计阶段的资金规划包括两个方面的内容：一是以工程设计费用为对象编制的设计阶段的资金使用计划；二是以工程建设费用为对象编制的建设项目投资计划。

(2) 设计阶段的造价控制

设计阶段的造价控制贯穿于设计各阶段，通过对设计过程中所形成的设计概算、施工图预算的层层控制，以实现拟建项目的投资控制目标。设计阶段造价控制措施包括组织措施、技术措施、经济措施、合同措施等。

(三)公路工程项目施工阶段造价管理

工程造价控制与管理贯穿工程建设的全过程,而施工阶段的造价管理是其中重要环节。建设项目施工阶段造价管理的主要工作是工程变更和索赔的管理及工程价款的结算等。由于公路工程项目建设周期长,受经济、自然条件和客观因素影响大,在建设的过程中,会出现很多不可预料的情况,如变更和索赔等影响工程价款事件的发生在所难免,使得建设项目造价管理变得复杂。因此,施工单位在重视施工合同及工程结算的同时,应立足现场管理,强化过程控制,增强索赔意识,积累经验,提高施工阶段过程造价管理水平,使企业获得满意的经济效益和社会效益。

1. 施工阶段造价管理的主要内容

(1)施工方案的技术经济分析。
(2)投资目标的分解与资金使用计划的编制。
(3)工程计量与合同价款管理。
(4)工程变更控制。
(5)工程索赔控制。
(6)投资偏差分析。
(7)竣工结算的审核。

2. 施工阶段造价管理的措施

施工阶段的造价管理应遵循动态控制和主动控制原则,根据项目总投资目标及工程承包合同,编制施工阶段的资金使用计划,把计划投资额作为投资控制的目标值,在工程实施过程中定期进行资金支出实际值与目标值的比对,发现并找出两者之间的偏差,然后分析产生偏差的原因,并采取有效措施加以控制,以保证投资控制目标的实现。其控制原理如图1-4所示。

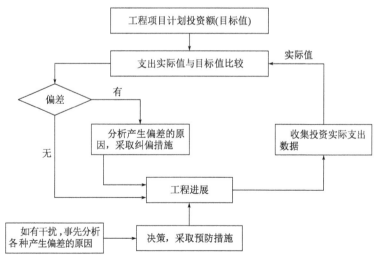

图1-4 施工阶段造价控制原理图

此外，施工阶段的造价管理仅仅靠控制工程价款的支付来实现是远远不够的，需要从组织、经济、技术、合同等多方面采取措施。

（1）组织措施

①建立合理的项目组织结构，明确组织分工，落实各个组织、人员的任务分工及职能分工等。例如，针对工程款的支付，从质量检验、计量、审核、签证、付款、偏差分析等环节落实涉及的组织及筹备人员。

②编制施工阶段投资控制工作计划，建立主要管理工作的详细流程，如资金支付的程序、采购的程序、设计变更的程序、索赔的程序等。

③委托或聘请有关咨询机构或工程经济专家做好施工阶段必要的技术经济分析与论证。

（2）经济措施

①编制资金使用计划，确定分解投资控制目标；

②定期收集工程项目成本信息、已完成的任务量情况信息和建筑市场相关造价指数数据，对工程施工过程中的资金支出做好分析与预测，对工程项目投资目标进行风险分析并制订防范性对策；

③严格工程计量，复核工程付款账单，签发付款证书；

④对施工过程资金支出进行跟踪控制，定期地进行投资支出实际值与目标值的比较，进行偏差分析，发现偏差，分析原因，及时采取纠偏措施；

⑤协商确定工程变更价款，审核竣工结算；

⑥对节约造价的合理化建议进行奖励。

（3）技术措施

①对设计变更进行技术经济分析，严格防范不合理变更；

②继续寻找通过设计挖潜节约造价的可能性；

③审核承包人编制的施工组织设计，对主要施工方案进行技术经济分析。

（4）合同措施

①在合同实施、修改、补充过程中进一步评审合同；

②施工过程中及时收集和整理有关的施工计划、现场实施情况记录、施工日报、工长日志、经发包人和监理工程师签字的签证，以及设计交底记录、变更图纸、变更施工指令等工程信息资料，为正确处理可能发生的索赔提供证据；

③施工单位参与并按一定程序及时处理索赔事宜；

④施工单位参与合同的修改、补充工作，着重考虑其对造价的影响。

（四）公路工程项目竣工验收阶段造价管理

工程竣工验收阶段的造价管理是工程造价全过程管理的内容之一，对建设单位来说，该阶段的主要工作是会同其他相关部门对工程进行竣工验收，并编制竣工决算文件，以确定建设工程最终的实际造价，并综合反映竣工项目的建设成果和财务情况。建设项目竣工验收交付使用后，本着对建设单位和建设项目使用者负责的原则，在一定的时间内，施工单位应对建设项目出现的问题进行处理。在对建设项目的问题进行处理的过程中发生的费用支出，应该根据问题的具体情况,依照相关规定,由责任方承担。

1. 项目验收

建设项目的验收一般分为初步验收和竣工验收两个阶段。对于规模较大、较复杂的工程项目,先进行初步验收,然后进行全部建设工程项目的竣工验收;对于规模较小、较简单的工程项目,可以一次进行全部工程项目的竣工验收。

2. 竣工决算

竣工决算是指项目竣工后,由建设单位报告项目建设成果和财务状况的总结性文件,是考核其投资效果的依据,也是办理交付、动用、验收的依据。

建设项目竣工决算包括从筹划到竣工投产全过程的全部实际费用,即包括建筑安装工程费用、土地征用及拆迁补偿费用、工程建设其他费用、预备费用及建设期贷款利息等。项目竣工时,应编制项目竣工决算。对于建设周期长、建设内容多的项目,对具备交付使用条件的单项工程,可编制单项工程竣工决算,待项目全部竣工后再编制竣工总决算。

(五)公路工程项目运营及维护阶段造价管理

项目运营及维护阶段的造价管理是指在保证建筑物质量目标和安全目标的前提下,通过制订合理的运营维护方案,运用现代经营手段和修缮技术,按合同对已投入使用的各类设施进行多功能、全方位的统一管理,树立市场机制和招投标理念,做好风险预测,进行连续、有效、优化的运营及维护,避免维护过度或不足,降低运营及维护费用,实现运营及维护成本可控,提高项目经济价值和实用价值。

运营及维护阶段是建设投资效益发挥和回收的阶段,该阶段的工程造价管理是工程造价全生命周期管理的最后一环。如果对建筑设施和设备使用不当,设施和设备容易受损,会降低工程的寿命和生存周期,会造成运营及维护费用过大,从而影响工程项目的运行成本和投资效益。项目的运营和维护通常需要制订长期方案和短期方案,降低运营和维护费用。项目决策阶段、设计阶段及施工阶段对项目的运营和维护成本有着很大的影响。为了达到全生命周期成本最低的目标,在项目前期和实施阶段,要把项目未来的运营和维护成本考虑到项目决策、方案设计和施工技术中,在项目进入运营和维护阶段后,也要根据建设项目特点合理制订运营及维护方案。

单元 1.3　公路工程项目计量与支付管理及造价工程师职业资格考试

工程计量与支付是监理工程师依据合同双方约定的计量支付条款及有关规定,对承包人(也称为施工单位、承包单位、乙方,在招投标阶段称投标人或投标单位)符合要求的已完工程数量进行计量、计价审核并报业主(也称为建设单位、甲方,在招投标阶段称发包人或招标单位)审批支付的过程,是承包人、监理工程师(也称监理人、监理单位)和业主共同参与完成的工作。由于建设项目施工是一个系统的动态过程,具有参与单位及人员众多,资源消耗大,建设周期长,施工条件复杂,施工中受到各种客观原因、主观原因的影响等特点,因此在项目实施阶段进行公路工程项目计量与支付管理尤为重要(计量与支付具体内容详见模块3)。一般建设单位会根据建设项目自身特点制订针对本项目的计量与支付实施管理办法,设立专门的职能部门负责项目实施阶段的造价管理,对相关岗位人员要求具备相应的职业资格。

一、计量与支付实施管理办法

计量与支付管理是项目实施过程中建设单位、承包单位和监理单位进行造价管理的重要组成部分,一般在项目开工前,建设单位会发布针对本项目的计量与支付管理办法,明确各单位权利义务,规范计量与支付活动。

本教材以"湖北1+8城市圈某出口路某高速公路工程建设项目计量与支付管理实施办法"为例进行学习。

湖北1+8城市圈出口路某高速公路工程建设项目计量与支付管理实施办法

1 总则

1.1 计量与支付是贯穿于公路建设工程实施阶段的一项重要工作,为加强某公路建设管理,明确业主、承包单位和监理单位的权利和义务,使工程计量与支付规范化,特制定本办法。

2 计量原则与依据

2.1 计量依据如下:

2.1.1 合同文件、技术规范、工程量清单。

2.1.2 施工设计图及变更设计图。

2.1.3 中间交工证书、质量检验凭证。

2.1.4 有关计量补充办法(协议)。

2.1.5 经有权审批机构同意的其他内容。

2.2 计量原则如下:

2.2.1 按合同文件规定的办法、范围、内容、单位计量。

2.2.2 按业主和监理工程师同意的计量方法计量。

2.2.3 不符合合同文件要求的工程不允许计量。

2.2.4 工程的各种试验、检验、检测、验收手续必须齐全,工程质量不符合相关规范要求的,不允许计量。

2.3 计量的一般规定如下:

2.3.1 工程计量应采用合同文件中的计量单位。当因工程变更出现新的项目时,应采用变更工程相应的技术规范规定或补充技术规范中的计量单位。

2.3.2 工程计量应依据合同条款、工程量清单、施工图纸进行。

2.3.3 除监理工程师另有批准（书面指令）外，凡超过施工设计图所示的任何尺寸，都不予计量。凡技术规范规定包含在工程量清单所列的有关支付项中，均不单独计量。

2.3.4 计量方法除应符合技术规范中相应章节的"计量与支付"条款外，还应符合本办法第三章规定。

2.3.5 工程计量应以驻地监理工程师签发的《分项工程开工申请批复》为计量单元，但对部分工程也可视情况分次计量。

2.3.6 如果技术规范规定的任何工程或细目未在工程量清单中出现，应被认为是其他相关工程的附属义务，不另计量。

3 计量方法

3.1 工程计量单元。工程质量检验、工程中间交工、工程中间计量应按照《分项工程开工申请批复》和监理工程师指示的单元划分进行。

3.2 单元计量的原则规定如下：

3.2.1 按单元计量者，须经中间交工验收合格，并签发《中间交工证书》后方可填报《中间计量表》进行计量。如果分项单元施工工期较长，为了如实反映工程进度和加快资金周转，可对施工期较长的工程单元进行分次计量。

3.2.2 分次计量的工程，每次计量须在填《中间计量表》时注明"分次计量"，并附经驻地监理工程师签证的有关施工情况及质量证明资料。如：分项工程开工申请批复单、工序检查记录等。当分项工程完工最后一次计量时，再填报《中间交工证书》。

3.3 计量方法（按工程量清单的章目分述）如下：

3.3.1 第100章总则按"总额"计量。各项目号的最终拨付不得超过"合价"。

3.3.2 路基土石方工程：挖方、填方以《分项工程开工申请批复单》为单元，每单元每次计量不小于2000 m^3；实际总工程量小于2000 m^3的完工后一次计量。分次（中间）计量表中起止桩号为整公里桩号。经驻地高监办检验合格、总监办核查后，分公里进行计量。

3.3.3 桥梁工程。

(1) 桩基：以棵为计量单元，完成并经无损检测合格后方能计量。

(2) 墩柱、系梁、承台、盖梁：以每墩为计量单元，工序检验记录资料、质量证明文件齐全，无《中间交工证书》可计量80%，《中间交工证书》等资料齐全的计量100%。经驻地高监办检验合格、总监办核查后进行计量。

(3) 桥面铺装、护栏、搭板：《中间交工证书》签认后一次计量。

(4) 现浇梁板、预制梁板：工序检验记录资料齐全、无《中间交工证书》的按完成工程量的80%计量。经驻地高监办检验合格、总监办核查后进行计量。

3.3.4 排水与涵洞工程。

(1) 排水工程：以《分项工程开工申请批复单》所列的起止桩号分公里单幅为计量单元，每自然段（开工报告里程）须完成80%（或以上）方可按实际完成工程量计量。经驻地高监办检验合格、总监办核查后，分公里进行计量。

(2)涵洞、通道工程。

钢筋混凝土盖板涵(通道):以整道完成一次计量;石拱涵:整道完成后一次计量;箱涵:整道完成后一次计量。

3.3.5 防护工程:以《分项工程开工申请批复单》分段为计量单元。

(1)边坡防护:边坡面积小于1000m²的,待完成后经驻地高监办检验合格、总监办核查后一次计量。边坡面积大于1000m²的,每次按实际完成数量(不少于1000m²)计量,待该段边坡防护全部完成并经监理工程师认可后按竣工剩余数计量。

(2)挡墙、护面墙、路堤墙:对小于或等于400m³的段落,整段完成一次计量;对大于400m³的段落可分次计量,每次按实际完成数量(不少于400m³)计量,但计量段落墙顶必须完工。最后一次计量经监理工程师检查验收合格后按竣工剩余数量计量。

3.3.6 变更工程的计量:必须提供完整、签证齐全的变更资料。在填写《中间计量表》时,要求将原设计数量与变更数量分别填写。

3.3.7 其他工程计量按合同文件中有关规定和办法进行。

4 计量的主要资料及要求

4.1 计量的主要资料及要求如下:

4.1.1 计量的主要资料。《分项工程开工申请批复单》《检验申请批复单》及有关经监理工程师签证的自检资料;《工程质量检验评定表》及有关质量评定资料;涉及变更的,要求提供《工程变更令》《中间交工证书》《中间计量表》《计量与支付报表》。

4.1.2 计量的主要要求。

(1)填写《中间计量表》时,应明确写出工程名称、部位、起讫桩号、图号、《中间交工证书》编号。其中:起讫桩号为分桩工程量起讫桩号,计量时如为分段次计量或计量桩号未到起讫桩号,应在计算草图及说明一栏中注明实际计量起讫里程桩号;如包含原设计数量,图号填写设计编号或工程设计数量表编号;如为分次计量,《中间交工证书》编号栏中仅需注明"分次计量"。

(2)在计算草图及说明一栏中,应形象、直观地描绘出计量工程的几何尺寸形状、标注出计量实体的实际尺寸和相关文字说明。其中:土石方工程的计量在计量过程中因计量里程长、断面尺寸变化大,可以只在该栏中注明起讫桩号、绘出典型断面,在计量表后附详细的土石方工程的数量计算表和相关施工抄平记录;挡土墙、路肩、路堤、护面墙的计量应在该栏中画出断面几何形状和注明实际尺寸、计量长度,并后附详细工程数量计算表;同一断面的排水沟、路基边沟等排水工程,计量时可只画出标准断面几何尺寸形状和标注尺寸,并注明计量起讫桩号和断面面积;对于构造较复杂的结构物,如斜交桥台、斜交涵台等,计量时要求绘出几何形状的非实体工程(如现场清理、砍树挖根、挖出旧路面等),应在该栏中对计量内容的完成情况、数量进行详细的文字说明,必要时还应附相应的计算表等说明。

在计算式一栏中应按照计量工程的实际情况列出详细的计算式,式中各数据必须与工程实际相符,计算结果真实;计量数量是以计算附表的形式得出,在该栏中应列出计算公式且公式中的尺寸代码所代表的数据在计算表中能查到;对于无法用计算式得出的计量数量,必须在该栏中以文字的形式进行说明。

(3)凡是与工程计量有关的凭证,承包人均应提交驻地监理工程师办公室审核,此外《中间计量表》《中间计量汇总表》等有关资料复印件连同报表一起上报。承包人应完整保存一套与工程计量有关的详细资料,以便核查。对一次完全计量的项目必须有《中间交工证书》;对分次完成计量的项目,最后一次完全计量必须有《中间交工证书》。

5 工程台账管理

5.1 为保证工程计量的准确性,根据合同文件的要求,做到计量结果真实、可靠,不重不漏,应建立、健全工程数量台账,加强台账管理。

5.1.1 工程台账建立的依据。合同文件、技术规范、工程量清单;施工设计图(通过计算核实数量);经审批的补充(完善)设计图。

5.1.2 工程台账建立的要求。要求承包人、驻地高监办、指挥部设专人建立和管理台账。首先按施工设计图认真清理,统计出设计工程数量,经承包人、驻地高监办、指挥部三方核对无误后建立台账;台账按工程量清单细目编号及细目名称建立,若有变更新增项目,按新增细目编号及细目名称录入(工程台账样表附后)。

6 支付台账管理

6.1 驻地高监办、工程处、总监办在每月收到承包人上报的月支付报表时,对照工程台账进行复核,审核无误后再按计量的有关规定审核报表。计量支付需准确反映本期完成、上期末完成及自开工累计完成工程量情况。工程竣工结算时,计量台账、工程台账、竣工数量、竣工图应"四统一"。

7 计量审核与处罚约定

7.1 计量审核。

承包人在填写计量表时,根据技术规范及现场完成情况据实填报,实际数量大于或小于设计数量,都须有变更手续。

监理单位在审查计量表时,对计量工程现场数据必须百分百进行核实。

工程处、总监办在审查计量表时,应联合对计量工程进行现场抽查、核实,对不合格和不真实的工程不予计量。

7.2 虚假计量的处理。

7.2.1 计量过程中如发现承包人有弄虚作假行为,除扣减虚假工程费外,由承包人承担虚假工程费用2倍金额的违约金。

7.2.2 驻地高监办应对工程变更数量、新增项目单价和支付报表等资料进行认真审查核实,确认无误后方能签认。若签认后仍存在虚假数量,每发现一次,视情节严重性由驻地高监办承担1000元至10000元违约金。在审查核实过程中,监理工程师有权按本办法第十二条7.2.1款执行。

7.2.3 如果承包人与监理人员相互串通,以申报签批变更设计为手段谋取不正当利益,由承包单位承担其申报变更金额2倍的违约金,由监理单位承担其签批变更设计金额的违约金,业主同时将承包人和监理单位的履约评价报交通厅备案。对情节严重,给业主造成较大损害的承包人和监理单位及其相关人员,业主有权向司法机关提起诉讼。

8 工程月支付报表的报审

8.1 支付必须在质量合格和准确计量的基础上进行。

8.2 支付必须以合同文件和技术规范的要求、原则为依据。

8.3 工程计量与支付资料的报审。

承包人每月 20 日以前将经现场监理工程师签认的《中间计量表》《计量支付报表》(一式四份)及计量有关资料报驻地监理办公室审查,逾期驻地监理办公室有权拒绝办理相关计量资料的审核。

驻地监理办公室收到承包人的支付月报及相关资料后,应在 5 天内完成对承包人提交资料的审核,审核合格后于每月 25 日前报指挥部。

指挥部收到支付月报及相关资料后,正常情况下应在 3 天内对所有数据进行审核,审核完毕后交由总监理工程师、总工程师、业主代表签批。财务部门根据签批的《中期支付证书》完成支付手续。

9 附则

9.1 本办法作为合同协议书的附件,合同协议书一经签订即生效。未尽事宜在执行过程中补充完善和约定。

二、造价工程师的职业资格及考试实施办法

为统一和规范造价工程师职业资格设置和管理,提高工程造价专业人员素质,提升建设工程造价管理水平,住房和城乡建设部、交通运输部、水利部、人力资源和社会保障部于 2018 年 7 月 20 日联合印发了《造价工程师职业资格制度规定》《造价工程师职业资格考试实施办法》。

(一)造价工程师的基本规定

1. 造价工程师的概念

造价工程师是指通过职业资格考试取得中华人民共和国造价工程师职业资格证书,并经注册后从事建设工程造价工作的专业技术人员。

2. 造价工程师的级别划分

造价工程师分为一级造价工程师和二级造价工程师。一级造价工程师英文译为 Class 1 Cost Engineer。二级造价工程师英文译为 Class 2 Cost Engineer。

3. 造价工程师的素质要求

造价工程师的素质包括思想品德专业、身体等方面,这些只是造价工程师工作能力的基础。造价工程师在实际岗位上应能独立完成建设方案、设计方案的经济比较工作;能完成投资估算、设计概算、施工图预算、招标标底和投标报价、补充定额和造价指数等编制与管理工作;能进行合同价结算和竣工决算的管理,以及对造价变动规律和趋势具有分析预测能力。

4. 造价工程师的权利和义务

造价工程师享有下列权利:①称谓权,即使用注册造价工程师名称;②执业权,即依法独立

执行工程造价业务;③签章权,即在本人执业活动中形成的工程造价成果文件上签字并加盖执业印章;④立业权,即发起设立工程造价咨询企业;⑤保管和使用本人的注册证书和执业印章;⑥参加继续教育。

造价工程师应履行下列义务:①遵守法律、法规、有关管理规定,恪守职业道德;②保证执业活动成果的质量;③接受继续教育,提高执业水平;④执行工程造价计价标准和计价方法;⑤与当事人有利害关系的,应当主动回避;⑥保守在执业中知悉的国家秘密和他人的商业、技术秘密。

5. 造价工程师不得有的行为

造价工程师不得有下列行为:①不履行注册造价工程师义务;②在执业过程中,索贿受贿或者谋取合同约定费用外的其他利益;③在执业过程中实施商业贿赂;④签署有虚假记载、误导性陈述工程造价成果文件;⑤以个人名义承接工程造价业务;⑥允许他人以自己名义从事工程造价业务;⑦同时在两个或者两个以上单位执业;⑧涂改、倒卖、出租、出借或者以其他形式非法转让注册证书或者执业印章;⑨超出执业范围、注册专业范围执业;⑩法律、法规、规章禁止的其他行为。

(二)造价工程师考试实施办法

1. 考试组织

一级造价工程师职业资格考试的具体考务任务由人力资源和社会保障部人事考试中心承担。各省、自治区、直辖市住房和城乡建设、交通运输、水利、人力资源社会保障行政主管部门共同负责本地区一级造价工程师执业资格考试组织工作,具体职责分工由各地协商确定。

一级造价工程师职业资格考试全国统一大纲、统一命题、统一组织。二级造价工程师执业资格考试全国统一大纲,各省、自治区、直辖市自主命题并组织实施。

2. 一级造价工程师报考条件

凡遵守中华人民共和国宪法、法律、法规,具有良好的业务素质和道德品行,具备下列条件之一者,可以申请一级造价工程师职业资格考试:

(1)具有工程造价专业大学专科(或高等职业教育)学历,从事工程造价业务工作满5年;具有土木建筑、水利装备制造、交通运输、电子信息、财经商贸大类大学专科(或高等职业教育)学历,从事工程造价业务工作满6年。

(2)具有通过工程教育专业评估(认证)的工程管理、工程造价专业大学本科学历或学位,从事工程造价业务工作满4年;具有工学、管理学经济学门类大学本科学历或学位,从事工程造价业务工作满5年。

(3)具有工学管理学、经济学门类硕士学位或者第二学士学位,从事工程造价业务工作满3年。

(4)具有工学管理学、经济学门类博士学位,从事工程造价业务工作满1年。

(5)具有其他专业相应学历或者学位的人员,从事工程造价业务工作年限相应增加1年。

3. 二级造价工程师报考条件

凡遵守中华人民共和国宪法法律、法规,具有良好的业务素质和道德品行,具备下列条件

之一者,可以申请二级造价工程师职业资格考试:

(1)具有工程造价专业大学专科(或高等职业教育)学历,从事工程造价业务工作满2年;具有土木建筑水利装备制造、交通运输、电子信息、财经商贸大类大学专科(或高等职业教育)学历,从事工程造价业务工作满3年。

(2)具有工程管理、工程造价专业大学本科及以上学历或学位,从事工程造价业务工作满1年;具有工学、管理学、经济学门类大学本科及以上学历或学位,从事工程造价业务工作满2年。

(3)具有其他专业相应学历或学位的人员,从事工程造价业务工作年限相应增加1年。

4.考试科目

一级造价工程师职业资格考试设《建设工程造价管理》《建设工程计价》《建设工程技术与计量》《建设工程造价案例分析》4个科目。其中,《建设工程造价管理》和《建设工程计价》为基础科目,《建设工程技术与计量》和《建设工程造价案例分析》为专业科目。

二级造价工程师职业资格考试设《建设工程造价管理基础知识》《建设工程计量与计价实务》2个科目。其中,《建设工程造价管理基础知识》为基础科目,《建设工程计量与计价实务》为专业科目。

5.造价工程师专业类别

造价工程师职业资格考试专业科目分为土木建筑工程、交通运输工程、水利工程和安装工程4个专业类别,考生在报名时可根据实际工作需要选择其一。其中,土木建筑工程、安装工程专业由住房和城乡建设部门负责;交通运输工程专业由交通运输部门负责;水利工程专业由水利部门负责。

6.考试时间安排

一级造价工程师职业资格考试每年一次,全国统一规定,一般安排在10月。考试分四个半天进行。《建设工程造价管理》《建设工程计价》《建设工程技术与计量》科目考试时间均为2.5小时;《建设工程造价案例分析》科目考试时间为4小时。

二级造价工程师职业资格考试每年不少于一次,具体考试日期由各地确定。二级造价工程师职业资格考试分两个半天。《建设工程造价管理基础知识》科目考试时间为2.5小时,《建设工程计量与计价实务》为3小时。

7.考试周期

一级造价工程师职业资格考试成绩实行4年为一个周期的滚动管理办法,在连续的4个考试年度内通过全部考试科目,方可取得一级造价工程师职业资格证书。

二级造价工程师职业资格考试成绩实行2年为一个周期的滚动管理办法,参加全部2个科目考试的人员必须在连续的2个考试年度内通过全部科目,方可取得二级造价工程师职业资格证书。

8.免考

具有以下条件之一的,参加一级造价工程师考试可免考基础科目:

(1)已取得公路工程造价人员资格证书(甲级);

(2)已取得水运工程造价工程师资格证书；
(3)已取得水利工程造价工程师资格证书。
申请免考部分科目的人员在报名时应提供相应材料。
具有以下条件之一的,参加二级造价工程师考试可免考基础科目：
(1)已取得全国建设工程造价员资格证书；
(2)已取得公路工程造价人员资格证书(乙级)；
(3)具有经专业教育评估(认证)的工程管理、工程造价专业学士学位的大学本科毕业生。

(三)造价工程师的注册

国家对造价工程师职业资格实行执业注册管理制度。取得造价工程师职业资格证书且从事工程造价相关工作的人员,经注册方可以造价工程师名义执业。住房和城乡建设部、交通运输部、水利部分别负责一级造价工程师的注册及相关工作。各省、自治区、直辖市住房和城乡建设、交通运输、水利行政主管部门按专业类别分别负责二级造价工程师注册及相关工作。经批准注册的申请人,由住房和城乡建设部、交通运输部、水利部核发《中华人民共和国一级造价工程师注册证》(或电子证书)；或由各省、自治区、直辖市住房和城乡建设、交通运输、水利行政主管部门核发《中华人民共和国二级造价工程师注册证》(或电子证书)。

造价工程师执业时应持注册证书和执业印章。注册证书、执业印章样式以及注册证书编号规则由住房和城乡建设部会同交通运输部、水利部统一制定。执业印章由注册造价工程师按照统一规定自行制作。造价工程师的注册分为初始注册、续期注册以及变更注册。

(四)造价工程师的执业规定

造价工程师不得同时受聘于两个或两个以上单位执业,不得允许他人以本人名义执业,严禁"证书挂靠"。出租出借注册证书的,依据相关法律法规处罚；构成犯罪的,依法追究刑事责任。

专业技术人员取得一级造价工程师、二级造价工程师职称可认定其具备工程师、助理工程师职业资格,并可作为申报高一级职称的条件。

(五)造价工程师的执业范围

一级造价工程师的执业范围包括建设项目全过程的工程造价管理与咨询等,具体工作内容如下：
(1)项目建议书可行性研究投资估算与审核,项目评价造价分析；
(2)建设工程设计概算、施工预算编制和审核；
(3)建设工程招标文件工程量和造价的编制与审核；
(4)建设工程合同价款、结算价款、竣工决算价款的编制与管理；
(5)建设工程审计、仲裁、诉讼、保险中的造价鉴定,工程造价纠纷调解；
(6)建设工程计价依据、造价指标的编制与管理；
(7)与工程造价管理有关的其他事项。
二级造价工程师主要协助一级造价工程师开展相关工作,可独立开展以下具体工作内容：
(1)建设工程工料分析、计划、组织与成本管理,施工图预算、设计概算的编制；
(2)建设工程量清单、最高投标限价、投标报价的编制；

(3)建设工程合同价款、结算价款和竣工决算价款的编制。

(六)造价工程师的继续教育

取得造价工程师注册证书的人员,应当按照国家专业技术人员继续教育的有关规定接受继续教育,更新专业知识,提高业务水平。造价工程师在每一注册期内应当达到注册机关规定的继续教育要求。注册造价工程师继续教育分为必修课和选修课,每一注册有效期各为30学时。经继续教育达到合格标准的,颁发继续教育合格证明。

模块 2

公路工程工程量清单

● 学习目标	1. 熟悉工程量清单的概念和含义； 2. 了解工程量清单与定额的联系与区别； 3. 掌握工程量清单的组成，了解其作用及特点； 4. 掌握工程量清单编制要求并能熟练应用。
● 素质目标	1. 培养学生以法律法规和行业标准来规范工程施工过程中的造价活动，维护公平公正市场秩序的法律意识和社会责任感； 2. 培养学生诚实守信、敬业爱岗、吃苦耐劳的良好职业道德素养； 3. 提高学生对专业内涵理解，提升专业学习的兴趣、专业认同感和职业归属感； 4. 增强学生与人沟通、协调工作的能力。

本教材第2~5模块中将以下列工程案例为基础，对清单认识、清单编制、计量、支付、软件操作等各模块进行知识串联。

工程案例

湖北1+8城市圈出口某高速公路项目工程概况

一、技术标准

根据本项目初步设计批复，本项目按四车道高速公路标准修建，设计速度采用100km/h。主要技术指标如表2-1所示。

主要技术指标　　　　表2-1

序号	指标名称		技术标准规定值	本项目采用值
1	公路等级		双向四车道高速公路	
2	设计速度		100 km/h	
3	路基宽度		整体式路基26m，分离式路基13m	
4	停车视距		160m	
5	平曲线一般最小半径		700m	1250
6	最大纵坡		4%	3.167%
7	最小竖曲线半径(一般值)	凸形	10000m	10000m
		凹形	4500m	9000m
8	荷载标准		公路—Ⅰ级	
9	设计洪水频率		特大桥1/300，其他桥梁和路基1/100	

其他技术指标按《公路工程技术标准》(JTG B01—2014)执行，并严格执行《工程建设标准强制性条文》(公路工程部分)要求。

二、工程概况

WH 左岭至 EZ 花湖公路路线起于 WH 市和平至左岭高速公路的终点，向东南至葛店开发区设置葛店互通与葛店开发区创业大道相接，跨过武城湖后沿鸭儿湖北岸布线，至汤家咀设华蒲互通接华蒲路，路线折向东南至周家湾跨樊吉公路，至杜山设 EZ 西互通和 S239（旭光大道）相接，继续向东南至朱家墩设长港大桥相继跨越长港和新港，至吴家染铺折向东，经广山铁路编组站南跨武九铁路和 G316（江碧路），设葛山隧道穿葛山风景区，设 EZ 互通，而后设金鸡岭隧道，经张家山，沿黄龙水库，设黄龙服务区，至汤家染铺设 EZ 东互通，于巴家湾设分离式隧道穿巴家山，走花湖镇，跨花马湖，接花湖互通，公路全长 54.8km（含花湖互通主线）。

中间控制点：葛店开发区、杜山、泽林、葛山、金鸡岭、黄龙水库、巴家山、花马湖。

本项目沿线经过 WH 市洪山区左岭镇，EZ 市葛店开发区、华容区、EZ 经济开发区、EZ 主城区、鄂城区的泽林镇和花湖镇。

全线控制性工程：小港大桥、广山高架桥、EZ 互通、巴家湾隧道、花湖枢纽互通。

全线共有特大桥 3 座、大桥 32 座、中桥 22 座、小桥 2 座、隧道 3 座、独立涵洞 106 道、互通式立交 6 处、分离式立交 8 处、通道 66 道、天桥 9 座、服务区 1 处、监控管理中心 1 处、养护工区 1 处及匝道收费站 5 处。

互通式立交分别为葛店互通（单喇叭）、华蒲互通（单喇叭）、EZ 西互通（单喇叭）、EZ 互通（半直连）、EZ 东互通（单喇叭）及花湖互通（枢纽互通）。在黄龙水库附近设有服务区 1 处。

三、自然地理特征

1. 地形、地貌

本项目位于冲湖积平原区域，地形平坦开阔，地势低洼。EZ 市地势东南高，西北低，中间平；最高点为汀祖的四峰山，海拔 485.5m，最低点是梁子湖的梁子门，海拔 11.7m。EZ 属于丘陵、滨湖地区，境内湖汊密布，沟渠纵横，水域辽阔，水质优良，素有"百湖之市"的美称，是享有盛名的"武昌鱼"的故乡。全市现有湖泊面积 31.46 万亩（1 亩约为 666.67m²），其中万亩以上大湖 6 个，千亩以上不足万亩的中型湖泊 20 个，百亩以上不足千亩的小型湖泊 129 个。路线所经河流沟渠纵横，湖垸众多。

2. 工程地质

本段路线属工程地质条件较复杂地区，路基断面形式基本为填方路堤，挖方段较少，软土、膨胀土等特殊岩土路基均有分布。沿线桥梁工程所处地层，上部黏性土工程地质条件较差，下部基岩为极软~较软岩，大、中、小桥构造物推荐采用桩基础，地层承载力、摩阻力、埋藏深度和厚度能满足桩基工程设计要求。

3. 水文地质

根据区域水文地质资料，区内地层出露较为齐全，主要为沉积岩类和侵入岩类，其中以碎屑岩为主，和碳酸盐岩石呈相间分布。这也就决定了本区域岩溶水和碎屑岩水具有相间分布的特点。从构造和岩性特征形态上分析，一方面，向斜区域的碳酸盐岩分布区岩溶发育，地下水较丰富,而另一方面,以碎屑岩为主的志留系,碎屑岩起到隔水作用,地下水不发育。

4. 地震动峰值加速度采用情况

根据本次勘探结果,结合区域地质资料,沿线多属抗震有利地段,局部软土发育区为抗震一般地段。根据《中国地震动参数区划图》(GB 18306—2015),路线所经区域地震动加速度反应谱特征周期 T 为 0.35s,地震动峰值加速度为 $0.05g$,区域地震基本烈度为 6 度。根据《公路桥梁抗震设计规范》(JTG/T 2231-01—2020),拟建大桥为公路干线上的重要工程,应按 7 度抗震设防,拟建中桥、小桥可采用一般抗震设防。

5. 气象

路线区属沿线气象属长江中下游湿润季风气候,具大陆气候特色,温暖湿润,雨量充沛,阳光时间长,光、温、水配合协调。四季分明,无霜期长,一般年平均气温18℃,最冷月份为1月,平均气温5℃,极端最低气温 -18.1℃,最热月份为7月,平均气温29℃,极端最高气温41.3℃。全年无霜期约300d,年平均日照时数1500h。

多年平均降雨量1248.5mm,3~9月为雨季,其雨量占全年的65%以上。每年10月至次年3月初为干旱季节,降雨量小于蒸发量。多年平均风速在2~3m/s之间,最大风速27.9m/s,冬天受寒潮影响,多西北风,夏季台风偶有波及,春季多南风,风向有明显的季节性变化。

四、建设条件以及其与公路建设的关系

路基填料:K0~K34沿线借方较多,大部分须取土掺灰使用;K34~K46有一定数量的土石弃方;K46~终点有一定的借方,可沿线取土。

石料:优质上面层石料采用通山玄武岩;中下面层石料来自HS市铁山区石灰石厂和HS市下陆区牛角山石灰石厂;起点段基层、底基层石料可从洪山区花山镇白羊山和花山镇顶冠峰采石场就近采购。

砂:主要取自燕矶、茅草、菜园头、西山等长江沿岸各砂站,其来源主要是浠水、兰溪、巴河等地,日供量可达50000t,均为花岗岩风化而成,成分以石英为主,品质较好,细度模数为2.1~2.8,有水运转汽车运输便道。

水泥:EZ水泥制品工业较为发达,规模较大,种类齐全,质量优,交通条件好。

沥青:进口重交沥青、改性沥青可做路面材料。

钢材:普通的钢材可直接由当地钢厂提供,钢绞线及其他材料外购,由铁路、水运运输,再运至施工现场。

水:路线所经过地区,水源丰富,水质较好,可直接用作工程用水。但在施工过程中要注意做好环境保护工作,严防对工程沿线居民生活用水造成污染。

工程用电:沿线电力资源丰富,电网覆盖面广,电力充足;工程用电可与电力部门协商解决。

项目共分八个合同段,本次案例选取第一合同段,包含土建路线长度8.5km(K0+000~K8+500)及路面路线34km(K0+000~K34+000)范围内路基、路面、桥梁、涵洞、防护、排水等项目内容。主要工程有:大桥1092.2m/2座,独立涵洞10道,互通式立交1处(葛店互通),

分离式立交 952.89m/2 处,通道 9 道,天桥 2 座,匝道收费站 1 处。

五、思考题

请学生结合本案例思考以下问题:

1. 假如你是建设单位招标人员,需要编制完成该合同段的工程量清单,请列举工程量清单由哪几部分组成?

2. 为给所有投标人提供公平竞争机会,第一合同段提供了一份工程量清单。请问该清单的编制依据什么?

3. 如果工程量清单中数量与未来实际数量不完全相同,应如何处理?

(本案例思考题参考答案可扫描二维码 2-1 查看)

二维码 2-1
本案例思考题
参考答案

单元 2.1　工程量清单概述

工程量清单是招标文件和合同文件的重要组成部分,是一种以一定计量单位说明工程实物数量的文件,也是与招标文件中技术规范相对应的文件,它详细说明了技术规范中各工程细目的数量。有报价的工程量清单称为报价单(或已标价的工程量清单),是投标文件中最主要的组成部分,中标后含单价的工程量清单将成为合同文件的重要组成部分。因此,工程量清单的正确编制,对做好招标投标及合同结算、决算工作有着重要意义。

一、工程量清单的基本概念

工程量清单,又称工程数量清单,指在工程实施阶段用于表述工程量及对应价款的组成和内容的明细清单,包括完成工程建设活动所需要的实物工程、措施项目及费用项目等。

工程量清单,是工程招标及工程实施时计量与支付的重要依据。在工程实施期间,工程量清单对工程费用起控制作用。工程量清单是业主将招标的工程按一定的原则(如按工程部位、性质等)进行分解,以明确工程的内容和范围,并将这些内容量化而得到的一套工程项目表。每个表中既有工程部位和该部位需实施的各个子项目(工程细目),又有每个子项目的工程量和计价要求(单价或包干价)及总计金额,单价与总价两个栏目由投标单位填写。可见,工程量清单反映的是每个相对独立的个体项目的主要内容、预算数量和完成的价格。

招标工程的工程量清单通常由业主提供,但也有一些国际招标工程,并没有工程量清单,仅有招标图纸,这就要求投标人按照自己的工作流程列出工程细目并计算工程量,或按国际通用的工程量编制方法提交工程量清单。

我国的公路工程招标项目工程量清单一般均由业主提供。业主在编制工程量清单时可参考《公路工程标准施工招标文件》(2018 年版)(以下简称《招标文件》)。《招标文件》第一册第五章对工程量清单进行了专门介绍,《招标文件》第二册第七章"技术规范"中给出了按章、节排列的工程细目技术规范要求,《招标文件》第三册第八章"工程量清单计量规则"中按章、节、子目号顺序对工程量清单项目分项计量及工程内容进行了约定说明。

另外需要特别指出的是,工程量清单中所列的工程数量(也称为清单工程量),是在实际施工生产前根据设计施工图纸和说明及工程量计算规则所得到的一种准确性较高的预算数量,并不是中标者在施工时应予完成的实际工程量。因为实际施工可能会因各种原因与设计条件不一致,从而产生工程量的变化,业主应按实际工程量支付工程费用。

二、工程量清单与工程定额的联系与区别

工程定额是在合理的生产组织、使用资源和正常的施工条件下,完成符合国家技术标准、技术规范(包括设计、施工、验收等技术规范)和计量评定标准的单位合格产品或劳动量,所消耗的人工、材料、施工机械台班数量的标准。它是由国家或地方行业主管部门经过科学测定、分析、计算而确定的,具有法令性的一种指标,是一定时期社会生产力和科技水平的反映,反映了整个社会某一具体劳动的平均工、料、机、管理等消耗水平的汇总。

清单价与定额既有联系又有区别,其联系为:清单价是投标人认可的某一工作内容工、料、机、管理等消耗量的货币化表现,与定额在本质上相似;其区别为:清单价只代表了本企业在某一具体工程中某项目的消耗水平,而不是社会平均水平,故它可能比国家颁布的定额高,也可能比国家颁布的定额低。

工程量清单中的工程项目与预算定额中工程细目有些规定相同,有些名称相同但其内涵不同,但《招标文件》第八章中"第 100 章 总则"中部分细目预算定额是没有的,对于工程量预算方法,不同工程定额的规定也有一定的差异,差异情况在第 100 章中介绍。

三、工程量清单的作用

1. 投标人公平竞争的基础

工程量清单是按照招标文件中技术规范的规定和要求的分项原则及工程量计算方法编制的,是业主计算招标控制价、投标单位计算报价的依据。一方面,业主的招标控制价是按这些分项进行计算编制;另一方面,各投标单位也是以工程量清单为依据,参照招标文件中的其他合同文件,结合本单位以往的施工经验,对工程量清单中所列各项分别进行报价,然后汇总,从而完成对整个工程的报价。工程量清单为所有投标单位提供了一个报价计算的共同基础,使之能有效、精确地编写报价单,合理地进行投标报价,充分体现了公平竞争原则,同时由于控制价也是在此基础上计算出来的,这为评标时对报价进行比较提供了方便。

2. 实施工程计量和支付的依据

工程量清单描述了工程项目的范围、内容及计量方式和方法,在工程实施期间,对工程的计量与支付必须以工程量清单为依据,即使发生工程变更及费用索赔时,其参考作用也很明显,直接影响监理工程师对单价的确定。因此,工程量清单必须做到分项清楚明了,各种工作内容不重不漏,报价时工程数量的计算应尽可能准确。

3. 提高投标人的技术水平及管理水平

由于各个投标单位是在同一个基础上进行报价,为了中标,投标单位必须不断提高管理水

平和技术水平来降低投标报价,这样有利于促进施工单位改进施工方法、优化施工方案、加强项目管理,采用先进的施工技术、设备,最大限度地提高劳动生产率,最终降低生产成本。

4. 业主遴选承包人的重要参考

鉴于投标人受工程量清单制约,价格竞争成为主要竞争方式,这有利于业主费用的降低,因此,工程量清单是业主遴选中标者的重要参考。一般来说,业主会优先选择报价低者,但同时兼顾施工组织及承包人低价完成工程的可能性,若业主对所报低价存有疑问时,会倾向于适当抬高预计支付标准。另外,业主也会在报价后的清单中分析投标人是否使用不平衡报价,作为选择中标者的参考。

5. 费用监理的依据

由于工程量清单是合同文件的组成部分,也是在发生工程变更、价格调整、工程索赔时,业主与承包人都比较易于接受的价格基础,因此无论是总价合同、单价合同,还是成本加酬金合同,工程量清单在费用监理中均应优先考虑。

6. 造价结算的依据

一般情况下,清单单价是承包人施工中进行造价结算的依据。当工作内容无变更,物价上涨在所能预见的合理范围内时,其结算单价就是清单单价;当工作内容有变更,物价上涨幅度过大时,可以根据工程变更令及合同中调价规定对单价进行必要的变更。

单元2.2　工程量清单的特点及应用特征

一、工程量清单的特点

1. 工程招投标的重要技术支撑

当前,我国的施工方式主要采用承发包方式,即业主通过合同或协议明确规定工程发包人(甲方)和施工企业/工程承包人(乙方)双方的经济责任、权利和义务后,把工程发包给施工企业负责施工的方式。承发包方式的核心是在市场经济体制下,根据等价交换的原则,业主与施工企业以平等的身份签订合同,互相制约、互相督促、共同努力,在保证工程进度和质量要求的前提下,提高经济效益,完成建设任务。这一方式要求按经济核算原则组织施工,符合鼓励生产力发展和分工明细的协作要求。

在工程招投标过程中,工程要达到的质量标准在与清单配套的技术规范中均有具体规定,业主可视具体工程情况参照相关国家、行业标准自行逐条制订。与此同时,由于工程质量标准、工程数量都在招标文件中有所规定,故投标人的竞争主要是在规定的质量、数量条件下单价的竞争,这就为施工水平高、能保证工程质量且招标价低的企业获得工程承包合同创造了条件。

2. 保持与技术规范的一致性

在招标文件中，工程量清单详细具体地说明了承包人履约合同时应遵守的施工技术规范及计量与支付的规定等。由于工程性质不同，其技术特点、质量要求及标准等也不相同，所以，技术规范应根据不同的工程性质及特点，分章、分节、分部、分项来编写。而工程量清单反映的是完成这一工程某章、某节、某项内容具体的工程数量，它是对按照技术规范质量要求实施工程所需完成的工程量的一种预测，清单子目号与技术规范的章节一一对应，从而与技术规范保持了高度一致性。

3. 保持与设计图纸的一致性

设计图纸及有关技术资料是工程项目的原始资料，它说明了工程项目的位置、地质条件、工程要求及建设标准。工程量清单的工程数量就是根据工程设计图纸的实物量，并按技术规范的要求进行计算的。当设计图纸发生变更或出现错误时，工程量清单的工程子目分项及工程数量都会发生变化甚至出错。

4. 保持与投标控制价的一致性

编写工程量清单的一个重要目的，就是在招投标时为投标人提供共同计算标价的基础，投标人都要以工程量清单所列工程数量为依据，并参照招标文件的要求，结合自己的经验进行报价。同时，业主的投标控制价也是以此为依据计算出来的，所以投标人的报价与招标人编制的投标控制价也保持了高度的一致性。

5. 清单中的工程量为预计工程量

为使所有投标人有一个平等竞价的基础，在广泛实施的单价合同中，其清单工程量是业主或者招标代理所得出的一种准确性较高的预估数量，其数量只供投标人在投标报价时作为计算总价的依据，不作为实际结算的依据。提供清单工程数量的主要目的是，剔除招标过程中不同投标者由于工程量计算差异而引起的报价差别，使其竞争有一个共同的数量平台，从而引导投标人之间的竞争转向单价竞争，优胜劣汰，在保证工程质量的基础上，便于业主选取生产效率高、材料消耗少、技术管理水平高者作为承包人。这也使得投标人之间的竞争更加残酷，各方只能在降低企业内部总体消耗水平基础或提高技术水平上苦练内功，才能达到中标的目的。但是，由于工程量清单数量只是预计值，不作为工程结算数量，结算和支付以监理工程师认可的、按技术规范完成的实际数量为依据。这也给投标人留下了一定的增加利润的机会，当业主方工程数量预估不准确时，投标人可以在投标总价不变的基础上，增加业主方工程量估计偏小项目的报价、降低业主方工程量估计偏大项目的报价等不平衡报价策略以获取额外利润。

6. 单价或总额的涵盖性

工程量清单中有标价的单价和总额价均已包括了为实施和完成合同工程所需的劳务、材料、机械、质检（自检）安装、缺陷修复、管理、保险、税费、利润等费用，以及合同明示或暗示的所有责任、义务和一般风险。因此，投标人应将各种间接费用合理分摊在清单单价或总额中。

二、工程量清单在单价合同中的应用特征

由于目前工程量清单的结算方式多数采用单价合同,因此,从单价的确定到计量支付的管理应用,工程量清单具有以下特征。

1. 管理方便

工程量清单中的单价为综合单价,便于业主或监理工程师在施工过程中对项目进行管理。一方面,业主根据承包人进度计划中每个时期要完成的工程量,按照清单的单价进行资金的筹措;另一方面,除个别情况外,各项目单价基本不变,因此,监理工程师在管理过程中可避免由于单价变化而引起的麻烦和纠纷。

2. 适应性强

工程量清单中的工程数量是对完成该工程所需工程量的一种较准确的预算,实际工程量必须在施工过程中实测才能获得。清单中的工程量是为投标人提供一个计算报价的共同基础,投标人按清单中的工程量报价,业主按实际完成的工程量付款,这样就减轻了双方在施工前由于工程量不够准确而带来的压力。另外,在投标期间对于一些项目没有足够资料进行估价时(包括数量),还可以采用暂定金额进行处理。因此,工程量清单具有较强的适应性。

3. 竞争性强

采用招标机制的目的就是防止垄断,鼓励竞争,而单价合同的公平性最好,竞争性最强。根据工程量清单,投标人必须综合考虑自己的实力,拟定出一个合理的报价,只有具有较强的管理水平和技术力量的一方才能中标。对于同一项工程,管理水平的高低和技术力量的强弱直接影响着报价的高低,而单价的高低往往显示了施工队伍的综合水平及实力。

4. 保险性好

所谓保险性好,是指采用单价合同的工程量清单对业主和承包人双方都保险,FIDIC[①]合同条款对合同双方的风险做了明确而详细的规定。一般不经常发生的风险或对单价影响较大但又无法预料的风险,包括战争等特殊风险,以及市场价格的浮动、不利的外界障碍、后继的法律变更等风险,均由业主承担,这就避免了由于上述风险的发生导致承包人破产。对业主而言,由于合同规定了这些风险由他承担,在招标时更利于其得到一个合理的报价,这是其他承包方式的合同所缺少的。

5. 综合性强

由于工程量清单中的单价为综合费用,在单价计算分析时需全面考虑完成该计价工程子目每项工程内容的所有费用,包括施工成本、利润、税金、管理费和风险,特别是合同暗示给承包人的风险费用,以及有些工程细目中计量支付规定不做单独计量的细目等。

投标报价说明第4条约定"符合合同条款规定的全部费用应认为已被计入有标价的工程

---

① 国际咨询工程师联合会(Fédération International Des Ingénieurs Conseils,法文缩写FIDIC),是国际上最有权威的被世界银行认可的咨询工程师组织。

量清单所列各子目之中,未列子目不予计量的工作,其费用应视为已分摊在本合同工程的有关子目的单价或总额价之中。"

【案例 2-1】 现场清理子目,子目号为 202-1-a,子目名称为清理现场,单位为 m^2,请问该子目工程量计量范围和工作内容是什么?

步骤:

(1)在该子目单价计算中,应参照《招标文件》第八章"工程量清单计量规则"中 202-1-a 子目的工程量计量和工程内容,并结合图纸数量综合考虑给出报价。

(2)工程量计量范围:依据图纸所示位置及范围(路基范围以外临时工程用地清场等除外),按路基开挖线或填筑边线之间的水平投影面积以平方米为单位计量。

(3)工程内容则包括:

①灌木、竹林、胸径小于 10cm 树木的砍伐及挖根;
②清除场地表面 0~30cm 范围内的垃圾、废料、表土(腐殖土)、石头、草皮;
③与清理现场有关的一切挖方、坑穴的回填、整平、压实;
④适用材料的装卸、移运、堆放及非适用材料的移运处理;
⑤现场清理。

单元 2.3　工程量清单编制及内容

一、工程量清单编制

工程量清单编制包括清单说明编制、工程细目编制和工程数量整理。

(一)工程量清单说明编制

工程量清单说明在某些合同文件中又被称为清单前言,它对工程量清单的性质、承包人填报工程量清单的单价和合同价格的要求等做了明确规定。因此,其在招投标期间对如何进行工程报价,以及在工程实施期间对工程是否进行计量与支付和如何进行计量与支付有实质影响。在进行工程变更及费用索赔时,其参考作用更为明显,直接影响到监理工程师对单价的确定。

(二)工程细目编制

工程细目又叫分项清单或工程量清单,通常根据招标工程的不同性质分章节按顺序排列。工程细目反映了施工项目中各分项工程及其数量,它是工程量清单的主体部分。

工程细目是由招标人根据《招标文件》,结合招标项目具体特点和实际需要编制的,并与"投标人须知""通用合同条款""专用合同条款""技术规范""图纸"相衔接。

细目内容划分为以下两部分:

(1)工程量清单的"总则"部分。该部分说明合同需要发生的各种开办项目,其计价特点主要是采用总额包干。因此,其计量单位大部分为"总额"。

(2)根据图纸需要发生的工程细目部分。该部分说明了施工项目中各工程细目将要发生的工程量,计价特点是单价不变,实际工程量由计量确定。

(三)工程数量整理

工程量清单中的工程量是反映承包人业务量大小及影响工程造价管理的重要数据。整理工程量的依据是设计图纸和技术规范。整理工程量的工作是一项技术工作,绝不是简单地罗列设计文件中的工程量。在整理工程量时,应根据设计图纸及调查所得的数据,在技术规范的计量与支付方法的基础上进行综合计算。同一工程细目,其计量方法不同,所整理出来的工程量会不同。在设计文件中,工程量所对应的计量方法与技术规范中的计量方法不完全一致,这就需要在整理工程量的过程中进行技术处理。工程量的整理工作务必认真、细致,保证工程量的准确性,做到不重不漏,不发生计算错误,否则,会带来下列问题:

(1)当实际工程量与清单工程量出入很大时,承包人会在总报价维持不变的基础上对实际工程量会增加的细目填报较高的单价,使得在施工过程中按实际工程量计量支付时,大大增加该项目总费用。

(2)工程量的错误会引起合同总价的调整和索赔(或反索赔)。

(3)工程量的错误还会增加变更工程和费用索赔的处理难度。由于承包人可能采用了不平衡报价,所以当合同发生工程变更而引起工程量清单中工程量的增减时,因不平衡报价对所增减的工程量计价不适应,监理人不得不和发包人及承包人协商确定新的单价来对变更工程进行计价,以致合同管理的难度增加。

(4)工程量的错误会造成投资控制和预算控制的困难。由于合同的预算通常是根据投标报价加上适当的预留费后确定的,工程量的错误还会造成项目管理中预算控制的困难和增加追加预算的难度。

在进行工程数量整理时,可参照《招标文件》第八章"工程量清单计量规则",其统一了公路工程工程量清单的项目号、项目名称、计量单位、工程量计算规则,并界定了工程内容。

二、工程量清单内容

工程量清单内容包括工程量清单说明、投标报价说明、计日工说明、其他说明、工程量清单(包括工程量清单表、计日工表、暂估价表和投标报价汇总表)五个部分。(工程量清单扫二维码2-2查看)

二维码2-2
工程量清单

1.工程量清单说明

工程量清单说明在许多合同文件中又被称为清单前言或者序言,它主要对工程项目的工作范围和内容、计量方法和方式、费用计算的依据、在工程实施期间如何对工程进行计量和支付进行说明。当工程发生变更或费用索赔时,监理工程师将根据其来确定单价。概括起来,工程量清单说明应强调以下几个方面的内容:

(1)工程量清单说明是根据招标文件中包括的有合同约束力的工程量清单计量规则、图纸及有关工程量清单的国家标准、行业标准、合同条款中约定的其他规则编制。约定计量规则中没有的子目,其工程量按照有合同约束力的图纸所标示尺寸的理论净量计算。计量采用中华人民共和国法定计量单位。

(2)应将工程量清单与招标文件中的"投标人须知""通用合同条款""专用合同条款""工程量清单计量规则""技术规范""图纸"等一起阅读和理解。其目的是要求投标人综合考虑项目的支付条件、技术要求、质量标准、工程施工条件及需综合在某单项中的众多子目,结合自身的费用、风险后再填报单价。

(3)工程量清单中所列工程数量是估算或设计的预计数量,仅作为投标报价的共同基础,不能作为最终结算与支付的依据。实际支付应按实际完成的工程量,由承包人按工程量清单计量规则规定的计量方法,以监理人认可的尺寸、断面计量,按工程量清单的单价和总额价计算支付金额;或根据具体情况,按招标文件合同条款相关规定,按监理人确定的单价或总额价计算支付额。这一说明是为了强调清单量只是估计工程量,应以实际完成工程量作为支付依据。

(4)工程量清单各章是按招标文件"工程量清单计量规则""技术规范"的相应章次编号的,因此,工程量清单中各章的工程子目的范围与计量等应与"工程量清单计量规则""技术规范"相应章节的范围、计量与支付条款结合起来理解或解释。此部分内容主要目的是说明清单不是孤立的,其与"工程量清单计量规则""技术规范"互为补充和解释,且在合同文件组成中,"工程量清单计量规则"和"技术规范"优先于"标价的工程量清单"解释。

(5)对作业和材料的一般说明或规定,未重复写入工程量清单内,在给工程量清单各子目标价前,应参阅《招标文件》"技术规范"的有关内容。

(6)工程量清单中所列工程量的变动,丝毫不会降低或影响合同条款的效力,也不免除承包人按规定的标准进行施工和修复缺陷的责任。清单工程量在实际施工过程中可能发生变动,对合同条款无影响。

(7)图纸中所列的工程数量表及数量汇总表仅是提供资料,不是工程量清单的外延。当图纸与工程量清单所列数量不一致时,以工程量清单所列数量作为报价的依据。其与上述(3)保持一致,工程量清单的数量仅仅为投标时的共同基础。在招投标阶段,各投标单位复核图纸量与招标人下发清单工程量,即使不一致也应以清单数量为准。若发现数量差异较大,对投标活动有较大影响时,可向招标人提出,招标人核实确认后可以"补遗书"的形式,向所有投标人发布。若招标人认为无此必要,即使投标人认为图纸数量与工程量清单所列数量不一致,仍应按招标人发布的清单为准。

在项目实施阶段,应按实际完成的工程量进行支付,该阶段应以施工图或变更后的施工图为准进行施工,在合同文件的组成中,"图纸"解释顺序优先于"标价的工程量清单"。

2. 投标报价说明

(1)工程量清单中的每一子目须填入单价或价格,且只允许有一个报价。这一说明强调工程量清单中的每一个细目,不论工程数量大小,都必须要求投标人在清单所有子目中填入单价或总额价,并明确了不可以进行选择性报价,招标人只接受一个子目存在唯一报价。

(2)除非合同另有规定,工程量清单中有标价的单价和总额价均已包括了为实施和完成合同工程所需的劳务、材料、机械、质检(自检)安装、缺陷修复、管理、保险、税费、利润等费用,以及合同明示或暗示的所有责任、义务和一般风险。这一说明要求投标人厘清合同中自身报价所包含的范围,尤其是强调风险自担的范围。

(3)工程量清单中投标人没有填入单价或价格的子目,其费用视为已分摊在工程量清单中其他相关子目的单价或价格之中。承包人必须按监理人指令完成工程量清单中未填入单价或价格的子目,但不能得到结算与支付。这一说明减少了招投标过程中可能发生的争执,规范和加快了招投标工作过程,对投标人提出了计算中要认真仔细、不得遗漏的要求。

(4)符合合同条款规定的全部费用应认为已被计入有标价的工程量清单所列各子目之中,未列子目不予计量的工作,其费用应视为已分摊在本合同工程的有关子目的单价或总额价之中。

比如超宽填部分的路基填筑土方,在清单数量和图纸断面方数量中均不包含,但是施工过程中为了保证路基边缘的压实度是必须进行超宽填的,该部分工程量在工程量清单的数量中没有体现,属于未列入子目不予计量的工作,但费用应分摊到可以计量的清单子目中。

(5)工程量清单中各项金额均以人民币(元)结算。

(6)承包人对本合同工程中各类装备的提供、运输、维护、拆卸、拼装等支付的费用,已包含在工程量清单的单价与总额价之中。

(7)暂列金额应由监理人报发包人批准后,下达指令全部或部分地使用,或者不予动用。暂列金额的设置不宜超过工程量清单第100章~第700章合计金额的3%。

(8)暂估价的数量和拟用子目说明,根据具体项目内容列入。

3.计日工说明

未经监理人书面指令,任何工程不得按计日工施工;接到监理人按计日工施工的书面指令,承包人也不得拒绝。

(1)计日工数量为预计量。

在计日工单价表中填列计日工子目的基本单价或租价,该基本单价或租价适用于监理人指令的任何数量的计日工的结算与支付。计日工的劳务、材料和施工机械由招标人(或发包人)列出正常的估计数量,投标人报出单价,计算出计日工总额后列入工程量清单汇总表中并进入评标价。其说明计日工数量为预计数量,其费用列入投标报价的总额中。

(2)计日工不调价。

与工程量清单的其他支付细目不同,在整个施工期间计日工价格不予调整。

(3)计日工劳务。

在计算应付给承包人的计日工工资时,工时应从工人到达施工现场并开始从事指定的工作算起,到返回原出发地点为止,扣去用餐和休息的时间。只有直接从事指定的工作,且能胜任该工作的工人才能计工,随同工人一起做工的班长应计算在内,但不包括领工(工长)和其他质检管理人员。

承包人可以得到用于计日工劳务的全部工时的支付,此支付按承包人填报的"计日工劳务单价表"所列单价计算,该单价应包括基本单价及承包人的管理费、税费、利润等所有附加费。

(4)计日工材料。

承包人可以得到计日工使用的材料费用(已计入劳务费内的材料费用除外)的支付,此费用按承包人"计日工材料单价表"中所填报的单价计算,该单价应包括基本单价及承包人的管理费、税费、利润等所有附加费。

(5)计日工施工机械。

承包人可以得到用于计日工作业的施工机械费用的支付,该费用按填报的"计日工施工机械单价表"中的租价计算。该租价应包括施工机械的折旧、利息、维修、保养、零配件、油燃料、保险和其他消耗品的费用以及全部有关使用这些机械的管理费、税费、利润和机上操作人员的劳务费等费用。

在计日工作业中,承包人计算所用的施工机械费用时,应按实际工作小时支付。除非经监理人同意,计算的工作小时才能将施工机械从现场某处运到监理人指令的计日工作业的另一现场往返运送时间包括在内。

4. 其他说明

根据项目特点和需求,由招标人自行编制。

5. 工程量清单

工程量清单由工程量清单表、计日工表、暂估价表和投标报价汇总表组成。

(1)工程量清单表是指招标工程中按章节顺序排列的各个项目表。表中有子目号、子目名称、单位、数量、单价及合价共6个栏目,其格式见表2-2。其中,单价栏或合价栏的数字一般由承包人在投标时填写,其他部分一般由业主或者招标人在编制工程量清单时确定并固化。

工程量清单格式　　　　　　　表2-2

子目号	子目名称	单位	数量	单价	合价

①工程量清单表分章排列有利于将不同性质、不同部位、不同施工阶段或其他特性不同的工程区别开来,同时也有利于将一些需要采用不同施工方法、不同施工阶段或成本不一样的工程区别开来。

工程细目按章、节、目、子目的形式设置,具体划分依据视工程实际情况确定。《招标文件》第八章"工程量清单计量规则"分为七章,各章名称分别为"第100章　总则""第200章　路基""第300章　路面""第400章　桥梁、涵洞""第500章　隧道""第600章　安全设施及预埋管线""第700章　绿化及环境保护设施"。

②《招标文件》第八章"工程量清单计量规则"中"第100章　总则"如表2-3所示,通过该表及图2-1可以了解章、节、目、子目的整体联系和具体内容。

第100章 总则

表2-3

子目号	子目名称	单位	数量	单价	合价
101	通则				
101-1	保险费				
-a	按合同条款规定,提供建筑工程一切险	总额			
-b	按合同条款规定,提供第三者责任险	总额			
102	工程管理				
102-1	竣工文件	总额			
102-2	施工环保费	总额			
102-3	安全生产费	总额			
102-4	信息化系统(暂估价)	总额			
103	临时工程与设施				
103-1	临时道路修建、养护与拆除(包括原道路的养护)	总额			
103-2	临时占地	总额			
103-3	临时供电设施架设、维护与拆除	总额			
103-4	电信设施的提供、维修与拆除	总额			
103-5	临时供水与排污设施	总额			
104	承包人驻地建设				
104-1	承包人驻地建设	总额			
105	施工标准化				
105-1	施工驻地	总额			
105-2	工地试验室	总额			
105-3	拌和站	总额			
105-4	钢筋加工场	总额			
105-5	预制场	总额			
105-6	仓储存放地	总额			
105-7	各场(厂)区、作业区连接道路及施工主便道	总额			
清单 第100章合计 人民币(元) ¥					

表2-3为"第100章 总则",通常将开办项目的工程量清单放在此章中,其特点是有关款项包干支付按总额结算。以表2-3所列内容来看,该章分为五节。

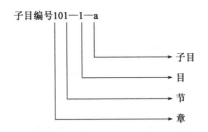

图 2-1 工程量清单细目号对应方式示例

第一节中计量支付的细目只有 1 项,即"101-1 保险费",它由建筑工程一切险和第三方责任险两部分组成;

第二节中计量支付的细目有 4 项,分别是"102-1 竣工文件""102-2 施工环保费""102-3 安全生产费""102-4 信息化系统(暂估价)";

第三节中计量支付的细目有 5 项,分别是"103-1 临时道路修建、养护与拆除(包括原道路的养护费)""103-2 临时占地""103-3 临时供电设施架设、维护与拆除""103-4 电信设施的提供、维修与拆除""103-5 临时供水与排污设施";

第四节中计量支付的细目只有 1 项,即"104-1 承包人驻地建设";

第五节为施工标准化,分别为"105-1 施工驻地""105-2 工地试验室""105-3 拌和站""105-4 钢筋加工场""105-5 预制场""105-6 仓储存放地""105-7 各场(厂)区、作业区连接道路及施工主便道"。

特别说明,第 104 节"承包人驻地建设"包括:施工与管理所需的办公室、住房、工地试验室、车间、工作场地、预制场地、仓库与储料场、拌和场,其与 105-1 ~ 105-6 的内容有一定重合;第 104 节"承包人驻地建设"与第 105 节"施工标准化"属选择性工程子目,由发包人根据工程项目管理实际情况选择使用或同时使用,如同时使用需在招标文件项目专用本中对所属各子目具体内容约定清晰界限,不得重复。另 103-1 与 105-7 也有部分重叠内容,也需在项目专用本中明确约定哪些是主线便道,在 103-1 中计列,哪些是支线或临时便道,在 105-7 中计列。

应当注意,工程量清单每章节与技术规范一一对应,在技术规范中对相应质量标准、质量等级、检验内容和方法等提出要求,施工过程中的计量与支付应满足技术规范的要求,质量合格才能予以计量和支付。

工程量清单每个支付子目均应在招标文件"工程量清单计量规则"子目中对应列明工作内容,与计量与支付规定对应,投标人报价、监理工程师在进行计量支付时必须仔细阅读。

③在第 100 章后的各章节一般为永久性工程项目,如路基、路面、桥梁与涵洞、隧道、安全设施及预埋管线,以及绿化及环境保护设施等。如表 2-4 所示为"第 200 章 路基"(节选)。

表中工程数量是根据图纸中的工程量,并按工程量清单计价规程的规定处理后确定的,其为暂估数量,实际的工程量要通过计量的方式得到,以监理工程师确定的数量为准。

第200章 路基

表2-4

(项目名称)　　　　　　　　　(合同段)　　　　　　　　货币单位:人民币(元)

子目号	子目名称	单位	数量	单价	合价
202	场地清理				
202-1	清理与掘除				
-a	清理现场	m²			
-b	砍伐树木	棵			
-c	挖除树根	棵			
202-2	挖除旧路面				
-a	水泥混凝土路面	m³			
-b	沥青混凝土路面	m³			
-c	碎石路面	m³			
202-3	拆除结构物				
-a	钢筋混凝土结构	m³			
-b	混凝土结构	m³			
-c	砖、石及其他砌体结构	m³			
-d	金属结构	kg			
202-4	植物移栽				
-a	移栽乔(灌)木	棵			
-b	移栽草皮	m²			
203	挖方路基				
203-1	路基挖方				
-a	挖土方	m³			
-b	挖石方	m³			
-c	挖除非适用材料(不含淤泥、岩盐、冻土)	m³			
-d	挖淤泥	m³			
-e	挖岩盐	m³			
-f	挖冻土	m³			
203-2	改河、改渠、改路挖方				
-a	挖土方	m³			
…	…				

续上表

子目号	子目名称	单位	数量	单价	合价
204	填方路基				
204-1	路基填筑(包括填前压实)				
-a	利用土方	m³			
-b	利用石方	m³			
-c	利用土石混填	m³			
-d	借土填方	m³			
…	…				
205	特殊地区路基处理				
205-1	软土路基处理				
-a	抛石挤淤	m³			
…	…				
		清单　第200章合计　人民币(元)		¥	

（2）计日工表。

计日工也称散工或点工。在工程实施过程中，业主可能面临一些临时性或新增加的项目，而且这种临时或新增项目的工程量在招投标阶段很难估计，需通过招投标阶段事先定价，因此以计日工表的方式在工程量清单中予以明确。

计日工明细表由计日工劳务、计日工材料、计日工施工机械、计日工汇总表等方面的内容组成，见表2-5～表2-8。

在编制计日工表时，需对每个表中的工作费用应包含哪些内容及如何计算作出说明和规定，如人工工时计算一般是从到达工作地点开始指定的工作算起，直至回到出发地点为止的时间，但不包括用餐和工间休息时间。

计日工劳务　　　　　　　表2-5

编号	子目名称	单位	暂定数量	单价	合价
101	班长	h			
102	普通工	h			
103	焊工	h			
104	电工	h			
105	混凝土工	h			
106	木工	h			
107	钢筋工	h			
…	…	…			
				劳务小计金额：_____ (计入"计日工汇总表")	

计日工材料

表2-6

编号	子目名称	单位	暂定数量	单价	合价
201	水泥	t			
202	钢筋	t			
203	钢绞线	t			
204	沥青	t			
205	木材	m^3			
206	砂	m^3			
207	碎石	m^3			
208	片石	m^3			
…	…	…			
			材料小计金额：_____		
			（计入"计日工汇总表"）		

计日工机械

表2-7

编号	子目名称	单位	暂定数量	单价	合价
301	装载机				
301-1	$1.5m^3$以下	h			
301-2	$1.5\sim2.5m^3$	h			
301-3	$2.5m^3$以上	h			
302	推土机				
302-1	90kW以下	h			
302-2	90~180kW	h			
302-3	180kW以上	h			
…	…	…			
			施工机械小计金额：_____		
			（计入"计日工汇总表"）		

计日工汇总表

表2-8

名称	金额	备注
劳务		
材料		
施工机械		
	计日工总计：_____	
	（计入"投标报价汇总表"）	

为了限制投标者报价过高,在有的合同中又规定了"名义工作量",要求承包人按其填报计日工单价,按规定的"名义工作量"计算对计日工的报价,并将之计入评标时的报价中。由于计日工在施工中是否动用以及如何计量与动用的权力归监理,就有了"名义工作量"的工程量清单,一般会起到限制投标者报价过高的作用。

(3) 暂估价表。

暂估价是在工程招标阶段已经确定的材料、工程设备或工程项目,但又无法在投标时确定准确价格,发包人在工程量清单中给定的一个暂估价。在工程实施阶段,可根据不同类型的材料、设备与专业工程再重新定价。

暂估价表有材料暂估价表、工程设备暂估价表及专业工程暂估价表,均已包括在工程量清单合计中,不应重复计入投标报价中,单独列出目的是为统计汇总该部分内容及总额,见表2-9及表2-10。

材料、工程设备暂估价表　　　　　　　　　　　　　　　表2-9

序号	名称	单位	数量	单价	合价	备注

专业工程暂估价表　　　　　　　　　　　　　　　表2-10

序号	专业工程名称	工程内容	合价

(4) 投标报价汇总表。

投标报价汇总表是将各章的工程量清单表及计日工明细表进行汇总,再加上一定比例或数量(按招标文件规定)的暂列金额而得出该项目的总报价,该报价与投标书中填写的投标总价是一致的。其格式如表2-11所示。

投标报价汇总表　　　　　　　　　　　　　　　表2-11

_____（项目名称）_____（合同段）

序号	章次	科目名称	金额(元)
1	100	总则	
2	200	路基	
3	300	路面	
4	400	桥梁、涵洞	
5	500	隧道	
6	600	安全设施及预埋管线	
7	700	绿化及环境保护设施	
8	第100章~第700章清单合计		

续上表

序号	章次	科目名称	金额(元)
9		已包含在清单合计中的材料、工程设备、专业工程暂估价合计	
10		清单合计减去材料、工程设备、专业工程暂估价合计（即 8 − 9 = 10）	
11		计日工合计	
12		暂列金额(不含计日工总额)	
13		投标报价(8 + 11 + 12 = 13)	

暂列金额与暂估价的区别，暂列金额为应对施工过程中难以预料的工程费用，与概预算中的预备费作用类似。暂列金额由监理人报发包人批准后下达指令全部或部分地使用，或者根本不予动用，暂列金额的设置不宜超过工程量清单第100章~第700章合计金额的3%；而暂估价表示该费用在施工过程中一定发生，只是在招标阶段该部分费用不能确定，暂估一个数量或金额列入工程量清单中，例如，401-1 桥梁荷载试验则经常以暂估价的方式出现列入400章工程量清单中。

单元2.4　工程量清单编写注意事项及案例

一、工程量清单编写注意事项

工程量清单包括的内容繁杂，编写过程中如果考虑不周，会给后续的计量支付、合同管理带来隐患，可能给承包人或业主带来损失。因此，在编写时要注意以下几点。

1. 将工程保险等作为独立的工程细目在第100章单列出来

工程保险、承包人的驻地建设、工程管理、临时工程、施工标准化等往往是一些一开工就要发生或开工前就要发生的项目，如果将这些项目的单价包含在其他项目的单价中，到项目开工时上述各种款项将得不到及时支付，这会影响合同的公平性和承包人的资金周转，因此在第100章中单独列出。

2. 合理划分工程项目

在工程细目划分时，要注意将不同等级要求的工程区分开；将同一性质但不属于同一部位的工程区分开；将情况不同可能要进行不同报价的项目分开。这一做法主要是为了强化工程投标中的竞争性，使投标人报价更加具体，针对不同情况可以采用不同的单价，便于降低造价。

3. 工程细目的划分要合适

工程细目相对过大，可减少计算工作量，但太大就难以发挥单价合同的优势，不便于工程变更的处理；另外，工程细目太大也会使支付周期延长，影响承包人的资金周转，最终影响合同的正常履行。例如，在桥梁工程中，若将基础回填工作的计价包含在基础挖方项目中，则承包人必须等到基础回填工作完成以后才能办理该项目的计量支付,支付周期可能要半年或更长的时间,直接影响承包人的资金周转,不利于合同的正常履行。但如果将基础开挖和基础回填分成两个工程细目,则可避免上述问题。

工程细目相对较小,虽会增加计算工作量,但利于处理工程变更和合同管理。如路基挖方中弃方运距的处理,其有两种方案:一是路基挖方单价中包含全部弃方运距;二是路基挖方中包括部分弃方运距(如1km),超过该运距的弃方运费单独计量与支付。如果弃土区明确而且施工中不出现变更,上述两种方案是一样的,而且前一方案还可减少计量工程量。但是,一旦弃土区变更或发生设计变更,弃土运距会发生变化,则前一方案的单价会变得不适应,双方须按变更工程协商确定新的单价,从而使投标合同单价失效。而采用后一种方案时,合同中的单价仍是适用的,原则上可按原单价办理结算。

可见,工程细目的划分既要简单明了、高度概括,又不能漏掉项目和应计价的内容,要结合工程实际,具体问题具体对待,灵活掌握。

4. 工程量的计算整理要细致准确

计算和整理工程量要依据设计图纸和技术规范进行,要认真阅读合同及工程量清单计量规则中的计量和支付方法,仔细核查设计文件中工程量所对应计量方法与工程量清单计量规则中的计量方法是否一致,如不一致,则需在整理工程量时进行技术处理。此外,在工程量的计算过程中,要做到不重不漏,更不能发生计算错误。

工程量计算不准,投标人会利用机会进行不平衡报价。例如,当实际工程量超出清单工程量较多时,承包人可报较高的单价,这样对投标总价影响不大,但按实际工程量进行支付时,则该项目的费用会增加很多,业主很难控制工程总费用,而承包人不仅可以获取超额利润,还有权提出索赔。因此FTDIC《土木工程施工合同条件》第52条规定,当变更工程涉及工程金额超过合同总额的2%,且变更后的工程量与原清单工程量相差超过25%时,应调整原单价,承包人可以提出施工索赔。此外,工程量计算不准还会增加合同管理尤其是费用监理的难度。

5. 计日工清单或暂估价金额不可缺少

计日工清单用于一些附加或小型的变更工程计价,在施工过程中,发包人可能有一些临时或新增加的项目,这些项目通常在招标阶段很难估计,但仍希望通过招投标阶段事先定价,避免开工后可能出现的争端。为加强承包人计日工报价的合理性,在编制工程量清单时应以计日工明细表的方式提前假定各计日工的数量。

暂估价为已包含在工程量清单中的材料、工程设备的单价或专业工程的金额,该费用在施工过程中一定发生,只是在招标阶段该部分费用不能确定,需暂估一个数量或金额列入工程量清单中。

6. 应与技术规范一致

工程量清单的编号、项目、单位等要求与技术规范中的计量支付要求相统一,从而保证整个合同的严密性和前后一致性。

二、工程量清单编写案例

(一)路面工程工程量清单案例

【案例2-2】 本模块给出的工程项目中,某高速公路为双向四车道高速公路,主线路基宽度26m,采用5%水泥稳定碎石基层,路面上面层采用厚40mm改性沥青混合料(AC-13C),中面层采用厚60mm的改性沥青混合料(AC-16C),下面层采用厚80mm粗粒式沥青混凝土(AC-25C)。路面工程部分数量如表2-12所示。

路面工程部分数量　　　　　表2-12

起讫桩号	水泥稳定碎石基层厚200mm	水泥稳定碎石基层厚180mm	PC-2型乳化沥青透层	PCR改性乳化沥青黏层	改性沥青混合料上面层(AC-13C)厚40mm	改性沥青混合料中面层(AC-16C)厚60mm	粗粒式沥青混凝土下面层(AC-25C)厚80mm
	体积(100m³)	体积(100m³)	面积(1000m²)	面积(1000m²)	面积(1000m²)	面积(1000m²)	面积(1000m²)
K0+000~K34+000	153.352	1154.8332	716.39	1463.993	848.387	848.646	617.201

施工组织拟采用集中拌和,摊铺机铺筑,混合料综合平均运距为5km,混合料均采用15t自卸汽车运输,基层稳定土混合料采用300t/h稳定土拌和站拌和,沥青混凝土采用240t/h沥青混合料拌和站拌和。

编制该段路面工程的工程量清单。

步骤:

(1)参考《招标文件》中第五章"工程量清单"选取相应子目。

(2)注意工程数量表单位与工程量清单单位之间的换算。清单单位路面部分一般为m²,但后续套用定额时,需注意定额单位与清单单位之间的换算。

(3)该段路面工程量清单如表2-13所示。

该段路面工程量清单　　　　　表2-13

子目号	子目名称	单位	数量
304-3	水泥稳定碎石基层		
-a	厚200mm	m²	76676
-b	厚180mm	m²	641574
308-1	透层		
-a	PC-2型乳化沥青透层	m²	716390
308-2	黏层		
-a	PCR改性乳化沥青黏层	m²	1463993
309-3	粗粒式沥青混凝土下面层(AC-25C)		
-a	厚80mm	m²	617201
311	改性沥青及改性沥青混合料		
311-1	改性沥青混合料上面层(AC-13C)		
-a	厚40mm	m²	848387
311-2	改性沥青混合料中面层(AC-20C)		
-a	厚60mm	m²	848646

实操练习

在本模块给出的项目中,某高速公路第一合同段拟修建一座 K5+800 预应力混凝土连续刚构大桥,经查阅施工图,其主要工程项目的工程量已知,请学生依照本教材配套"学习任务单1"进行桥梁工程工程量清单的编制。

(二)标价的工程量清单案例

在投标单位报价和签订合同后,标价的工程量清单是办理中期支付、结算及处理工程变更的依据。

【**案例 2-3**】 本模块给出的项目中,某高速公路第一合同段包含土建路线 8.5km(K0+000~K8+500)及路面路线 34km(K0+000~K34+000)范围内路基、路面、桥梁、涵洞、防护、排水等项目内容。某路桥有限公司为中标单位,其签约合同中标价的工程量清单如下。

步骤：

标价的工程量清单包含以下几部分:

(1)工程量清单说明

略,同《招标文件》第五章。

(2)投标报价说明

略,同《招标文件》第五章。

(3)计日工说明

略,同《招标文件》第五章。

(4)其他说明

①工程一切险和第三方责任险由承包人以承包人和业主的联合名义投保。投保的范围与条件应符合《招标文件》中有关合同条款的规定。工程一切险的投保金额为工程量清单第 100 章至第 700 章的合计金额(除保险费之外),保险费率按一定比例(例如 2.4‰或其他)报价;第三方责任险的最低投保金额为 500 万元,但事故次数不限,保险费率按一定比例(例如 1% 或其他)。上述两项保险费均由承包人报价时列入工程量清单第 100 章内,由承包人包干使用并负责办理投保事宜,超支不补,节约归承包人。承包人选择的保险公司,必须事先得到业主的批准,否则,业主可不予支付。

②安全生产费按工程量清单第 100 章至第 700 章的合计金额(除保险费和安全生产费之外)的一定百分比报价(例如 1.5% 等,根据各省级造价管理部门规定或者项目另行约定比例)。

(5)工程量清单表

工程量清单表见表 2-14。

计日工表见表 2-15。

暂估价表(略)。

投标报价汇总表见表 2-16。

工程量清单表

表2-14

合同段：××××-1

清单　第100章　总则					
子目号	子目名称	单位	数量	单价	合价
101	通则				
101-1	保险费				
-a	按合同条款规定，提供建筑工程一切险	总额	1	1071531.8	1071532
-b	按合同条款规定，提供第三者责任险	总额	1	12000.00	12000
102	工程管理				
102-1	竣工文件	总额	1	60000.00	60000
102-2	施工环保费	总额	1	100000.00	100000
102-3	安全生产费	总额	1	6598834.23	6598834
102-4	信息化系统				
-a	工程管理软件系统（不含发包人提供的工程管理软件）	总额	1	40000.00	40000
-b	发包人提供的工程管理软件（暂估价）	总额	1	100000.00	100000
103	临时工程与设施				
103-1	临时道路修建、养护与拆除（包括原道路的养护）				
-a	新建便道	总额	1	200000.00	200000
-b	利用或改建便道	总额	1	100000.00	100000
-c	原有道路恢复费	总额	1	50000.00	50000
103-2	临时占地	总额	1	400000.00	400000
103-3	临时供电设施架设、维护与拆除	总额	1	700000.00	700000
103-4	电信设施的提供、维修与拆除	总额	1	100000.00	100000
103-5	临时供水与排污设施	总额	1	100000.00	100000
104	承包人驻地建设				
104-1	承包人驻地建设（含工地试验室、预制场及拌和场及堆放场地标准化建设）	总额	1	8000000.00	8000000
清单　第100章合计　人民币（元）					17632366
清单　第200章　路基					
子目号	子目名称	单位	数量	单价	合价
202-1	清理与掘除	m²	305379.60	1.21	369509
202-2	挖除旧路面				
-a	水泥混凝土路面	m²	1000.00	65.54	65540
-b	沥青混凝土路面	m²	1000.00	45.37	45370
-c	碎石路面	m²	1000.00	28.18	28180

续上表

清单 第200章 路基					
子目号	子目名称	单位	数量	单价	合价
202-3	拆除结构物				
-a	钢筋混凝土结构	m^3	100.00	110.83	11083
-b	混凝土结构	m^3	100.00	85.66	8566
-c	砖、石及其他砌体结构	m^3	100.00	43.30	4330
203	挖方路基				
203-1	路基挖方				
-a	挖土方	m^3	126564.70	8.84	1118832
-c	挖除非适用材料(不包括淤泥)	m^3	61299.00	18.45	1130967
-d	挖淤泥	m^3	11300.00	36.13	408269
203-2	改河、改渠、改路挖方				
-a	挖土方	m^3	19986.00	8.83	176476
204	填方路基				
204-1	路基填筑(包括填前压实)				
-a	利用土方	m^3	109107.50	6.10	665556
-d	借土填方	m^3	781496.60	16.75	13090068
-h	结构物台背回填	m^3	65684.90	25.35	1665112
-i	锥坡及台前溜坡填土	m^3	10206.64	18.25	186271
-k	钢塑土工格栅	m^2	49169.00	19.50	958796
204-2	改河、改渠、改路、填筑				
-a	利用土方	m^3	17229.31	6.10	105099
205	特殊地区路基处理				
205-1	软土地基处理				
-o	钢塑土工格栅	m^2	49169.00	18.50	909627
205-2	红黏土及膨胀土路基处理				
-a	石灰土处治掺3%石灰	m^3	687881.10	15.22	10469550
207	坡面排水				
207-1	边沟				
-a	M7.5砂浆砌片石	m^3	3792	353.51	1340510
207-2	排水沟				
-a	M7.5砂浆砌片石	m	13119.80	224.99	2951824
-f	C30混凝土(不分预制、现浇)	m^3	609	713.37	434442
-g	钢筋(不分规格)	kg	97166	5.19	504292
207-3	截水沟				
-a	M7.5砂浆砌片石	m^3	3012	397.09	1196035

续上表

清单 第200章 路基						
子目号	子目名称	单位	数量	单价	合价	
-f	C20混凝土(不分预制、现浇)	m³	457	660.26	301739	
208	护坡、护面墙					
208-3	浆砌片石护坡					
-b	M7.5砂浆砌片石骨架式护坡	m³	7137.00	178.66	1275096	
208-4	混凝土块护坡					
-b	混凝土预制件满铺式护坡	m³	3252.00	449.50	1461774	
-d	预制骨架式护坡	m³	505.00	560.60	283103	
209	挡土墙					
209-3	砌体挡土墙					
-a	M7.5砂浆砌片石	m³	203.90	235.07	47931	
-b	M7.5砂浆砌块石	m³	41.30	370.53	15303	
209-5	混凝土挡土墙					
-a	混凝土	m³	86.37	565.06	48804	
清单 第200章合计 人民币(元)					41278054	

清单 第300章 路面					
子目号	子目名称	单位	数量	单价	合价
304	水泥稳定碎石底基层、基层				
304-1	水泥稳定碎石底基层				
-a	厚200mm	m²	791333	41.17	32579180
-c	厚160mm	m²	29834	33.25	991981
304-2	过渡板、连接板下及非标准厚度底基层	m³	1047	204.36	213965
304-3	水泥稳定碎石基层				
-a	厚200mm	m²	76676	42.75	3277899
-b	厚180mm	m²	641574	41.18	26420017
-c	厚160mm	m²	28726.5	36.76	1055986
304-5	格栅补强				
-a	玻璃纤维格栅补强	m²	1453	32.76	47600
308-1	透层				
-a	PC-2型乳化沥青透层	m²	716390	4.44	3180772
308-2	黏层				
-a	PCR改性乳化沥青黏层	m²	1463993	2.9	4245580
308-3	桥面、混凝土面防水黏结层				
-a	SBR改性乳化沥青防水黏结层	m²	153165	8.92	1366232
309-3	粗粒式沥青混凝土下面层(AC-25C)				

续上表

清单 第300章 路面					
子目号	子目名称	单位	数量	单价	合价
-a	厚80mm	m²	617201	69.4	42833749
310-2	封层				
-a	改性乳化沥青稀浆封层	m²	716390	7.8	5587842
311	改性沥青及改性沥青混合料				
311-1	改性沥青混合料上面层(AC-13C)				
-a	厚40mm	m²	848387	50.26	42639931
311-2	改性沥青混合料中面层(AC-20C)				
-a	厚60mm	m²	848646	61.23	51962595
312-1	水泥混凝土面板				
-d	厚280mm	m²	19913	91.23	1816663
312-2	钢筋(含过渡板钢筋)				
-a	光圆钢筋(HPB300)	kg	176233	5.9	1039775
-b	带肋钢筋(HRB400)	kg	55955	5.87	328456
313-2	中央分隔带回填土	m³	23765	30.97	736002
313-5	混凝土预制块路缘石				
-a	C25混凝土预制块	m³	1810	606.44	1097656
314-1	排水管				
-b	横向排水HPDE管,φ110mm	m	8104	88.21	714854
-c	横向排水HPDE管,φ315mm	m	2785	354.45	987143
314-2	纵向排水沟				
-a	钢筋混凝土排水沟	m	8923	336.05	2998574
314-3	C25混凝土集水井	座	199	424.27	84430
清单 第300章合计 人民币(元)					226206880
清单 第400章 桥梁、涵洞					
子目号	子目名称	单位	数量	单价	合价
401	通则				
401-3	地质钻探及取样试验(暂定工程量)				
-a	70mm直径	m	200.00	120.00	24000
-b	110mm直径	m	200.00	150.00	30000
403	钢筋				
403-1	基础钢筋(包括灌注桩、承台、沉桩、沉井等)				
-a	光圆钢筋(HPB300)	kg	245086.60	5.40	1323468
-b	带肋钢筋(HRB400)	kg	1798547.70	5.45	9802085
403-2	下部结构钢筋				

续上表

清单 第400章 桥梁、涵洞					
子目号	子目名称	单位	数量	单价	合价
-a	光圆钢筋（HPB300）	kg	272359.20	5.40	1470740
-b	带肋钢筋（HRB400）	kg	1017464.30	5.45	5545180
403-3	上部结构钢筋				
-a	光圆钢筋（HPB300）	kg	800539.40	5.40	4322913
-b	带肋钢筋（HRB400）	kg	6853108.00	5.45	37349439
403-4	附属结构钢筋				
-a	光圆钢筋（HPB300）	kg	119471.10	5.40	645144
-b	带肋钢筋（HRB400）	kg	515813.90	5.45	2811186
404	基坑开挖及回填				
404-1	干处挖土方	m^3	3798.46	25.92	98456
404-3	干处挖石方	m^3	238.00	54.02	12857
405-1	钻孔灌注桩				
-a	陆上灌注桩				
-a-1	桩径 $\phi1.2m$	m	3104.00	1414.42	4390360
-3	桩径 $\phi1.3m$	m	258.00	1627.46	419885
-4	桩径 $\phi1.5m$	m	11744.00	1849.69	21722759
-8	桩径 $\phi2.0m$	m	108.00	2821.23	304693
-b	水中灌注桩				
-b-4	桩径 $\phi1.5m$	m	1044.00	3304.35	3449741
405-2	钻取混凝土芯样,直径70mm（暂定工程量）	m	100.00	160.00	16000
410-1	现浇混凝土基础(包括支撑梁、承台、系梁,但不包括桩基)				
-d	C30混凝土（含斜腿基础）	m^3	3105.55	569.49	1768580
410-2	现浇混凝土下部结构(含墩台帽、耳背墙、盖梁)				
-a	桥台				
-a-2	柱式桥台 C30	m^3	1070.90	629.43	674057
-b	柱式桥墩				
-b-2	柱式桥墩 C30	m^3	7952.10	630.44	5013322
-c	盖梁混凝土 C30	m^3	404.60	630.30	255019
410-3	现浇混凝土上部结构				
-a	C40混凝土箱梁（包括天桥主肋）	m^3	4982.20	1135.14	5655495
-b	C50混凝土箱梁	m^3	484.60	1280.35	620458

续上表

清单　第400章　桥梁、涵洞					
子目号	子目名称	单位	数量	单价	合价
-c	C30混凝土斜腿刚构	m³	55.40	819.77	45415
410-5	上部结构现浇整体化混凝土(含铰缝、湿接头、调平层)				
-a	现浇整体化混凝土 C40	m³	916.80	670.52	614733
-b	现浇整体化混凝土 C50	m³	4392.21	679.08	2982662
410-6	现浇混凝土附属结构(包括防撞墙、护栏、栏杆、抗震挡块、支座垫石、桥头搭板)				
-a	支座垫石、抗震挡块 C30	m³	45.52	584.00	26584
-b	支座垫石、抗震挡块 C40	m³	45.52	640.79	29169
-c	搭板 C30	m³	1209.90	582.00	704162
-d	防撞墙、护栏、栏杆 C30	m³	2321.10	581.45	1349604
411-5	后张法预应力钢绞线	kg	727924.60	14.73	10722329
411-7	现浇预应力混凝土上部结构				
-a	现浇箱梁 C40(含天桥主梁)	m³	314.10	1310.05	411487
-b	现浇箱梁 C50	m³	1621.10	1372.76	2225381
411-8	预制预应力混凝土上部结构				
-c	预制空心板梁 C50,$L=20m$	m³	21598.20	1089.53	23531887
415-2	水泥混凝土桥面铺装（级、厚mm）				
-c	C40,厚100mm	m²	761.00	59.22	45066
-f	C50,厚100mm	m²	31905.90	67.68	2159391
416-1	圆形板式橡胶支座				
-a	普通板式橡胶支座				
-a-11	GYZ250×52	个	2680.00	52.41	140459
-b	四氟板式橡胶支座				
-b-9	$GYZF_4 200×44$	个	1760.00	156.10	274736
416-2	盆式支座				
-a	GPZ(Ⅱ)3GD	个	2.00	1800.00	3600
-b	GPZ(Ⅱ)4GD	个	16.00	2600.00	41600
-c	GPZ(Ⅱ)5GD	个	4.00	3000.00	12000
-d	GPZ(Ⅱ)6GD	个	4.00	4450.00	17800
-h	GPZ(Ⅱ)2.0SX	个	16.00	1500.00	24000
419-1	单孔钢筋混凝土圆管涵($\phi\cdots m$)				
-b	1-ϕ1.5m	m	174.50	4817.77	840701
419-3	钢筋混凝土圆管倒虹吸管($\phi\cdots m$)				

续上表

清单 第400章 桥梁、涵洞					
子目号	子目名称	单位	数量	单价	合价
-a	1-ϕ1.6m	m	190.00	6910.90	1313071
420-1	钢筋混凝土盖板暗涵（跨径m×净高m）				
-f	1-3.0m×3.0 m	m	75.50	12459.19	940669
420-2	钢筋混凝土箱涵				
-b	1-4m×3.0m	m	39.18	13657.43	535098
420-3	钢筋混凝土盖板通通涵（跨径m×净高m）				
-e	1-4m×3.5m	m	93.00	16157.47	1502645
-f	1-4m×3.0m	m	59.18	15747.82	931956
-h	1-4m×2.2m	m	28.25	14869.13	420053
420-4	钢筋混凝土箱涵通道（跨径m×净高m）				
-b	1-4m×2.8m	m	28.75	15266.97	438925
-c	1-6m×3.6m	m	141.35	17173.85	2427524
清单 第400章合计 人民币(元)					162438544

计日工表

表2-15

计日工劳务					
编号	子目名称	单位	暂定数量	单价	合价
101	班长	h	50	60	3000
102	普通工	h	50	50	2500
103	焊工	h	50	50	2500
104	电工	h	50	50	2500
105	混凝土工	h	50	50	2500
106	木工	h	50	50	2500
107	钢筋工	h	50	50	2500
劳务小计金额					18000
计日工材料					
编号	子目名称	单位	暂定数量	单价	合价
201	水泥	t	5	350	1750
202	钢筋	t	5	4000	20000
203	钢绞线	t	5	5000	25000
204	石油沥青	t	5	3000	15000
205	木材	m³	50	1600	80000
206	砂	m³	100	150	15000
207	碎石	m³	100	100	10000
材料小计金额					166750

续上表

		计日工机械			
编号	子目名称	单位	暂定数量	单价	合价
301	装载机				
301-1	2.5 m³ 以上	h	50	200	10000
302	推土机				
302-3	180kW 以上	h	50	200	10000
		机械小计金额			20000

计日工汇总		
名称	金额	备注
劳务	18000	
材料	166750	
施工机械	20000	
计日工总计	204750	
（计入"投标报价汇总表"）		

投标报价汇总表

表 2-16

某高速公路建设项目　　　　　　　　　　　　　　　　　　　　　　　第一合同段

序号	章次	科目名称	金额(元)
1	100	总则	17632366
2	200	路基	41278054
3	300	路面	226206880
4	400	桥梁、涵洞	162438544
5	第100章~第400章清单合计		447555112
6	已包含在清单合计中的材料、工程设备、专业工程暂估价合计		0
7	清单合计减去材料、工程设备、专业工程暂估价合计（即5-6=7）		447555112
8	计日工合计		204750
9	暂列金额（不含计日工总额）		10000000
10	投标报价（即5+8+9=10）		457760594

注：材料、工程设备、专业工程暂估价已包括在清单合计中，不应重复计入投标报价。

模块 3 公路工程计量与支付

● 学习目标	1. 了解计量和支付的概念与程序； 2. 熟悉计量与支付的作用及原则； 3. 熟悉计量的依据、范围和组织形式； 4. 掌握计量的内容、时间和计量规则及方法； 5. 掌握工程费用的结算和支付的相关要求； 6. 了解变更、索赔及价格调整的相关要求。
● 素质目标	1. 培养学生沟通能力，养成认真负责、严谨的工作态度； 2. 培养独立思考、自主学习的能力； 3. 培养学生团结协作、吃苦耐劳、实事求是、诚信为本的职业素养； 4. 强化学生工程伦理教育，培养学生精益求精的大国工匠精神。

公路工程计量与支付是项目施工管理的关键环节，它的计算精度直接关系公路工程概算、预算的实际执行情况，是投资控制的一种表现手段，是业主和承包人经济利益的核心问题，对加快承包人的资金周转、维护业主的最终利益都具有十分重要的意义。

工程计量的主要依据为《招标文件》第五章"工程量清单"、第八章"工程量清单计量规则"、施工图设计文件、施工组织设计文件、《公路工程概算定额》(JTG/T 3831—2018)及《公路工程预算定额》(JTG/T 3832—2018)等对工程计量的各种规定。

工程支付的主要依据为《招标文件》第四章"合同条款及格式"的相关内容。

本模块将结合公路工程计量中经常遇到的问题，对公路工程计量与支付的基本概念、基本程序、计量的内容和方法，以及实际过程中费用的结算与支付等进行详细介绍。

单元3.1　计量与支付基础知识

一、计量与支付概念

计量与支付是指在公路工程实施阶段，对已完工程进行计量，并根据计量结果和合同约定对应付价款进行统计和确认，用于支付工程价款。计量与支付文件一般以规定格式的报表形式表现。

1. 计量的概念

计量是按照《招标文件》所规定的方法，对承包人所完成的符合要求的工程实际数量进行测量、计算、核查和确认的过程。计量是监理人的基本职责和权利，也是费用监理中的基本环节。如果计量不准确或不合理，就会破坏工程承包合同中的经济关系，影响承包合同的正常履行。

公路工程量有预估工程量和实际工程量之分,工程计量的任务是确定实际完成的工程数量。工程量清单的工程量仅是估算工程量,不能作为承包人应予完成的实际和确切的工程量,这是因为工程量清单中的数量是在制订招标文件时,在图纸和规范的基础上估算出来的,与实际工程量相比存在或多或少的误差甚至计算错误。它只能作为投标报价的共同基础,而不能作为结算的依据。实际工程量的多少只有通过计量才能最终确定。按实际完成的工程量付款可以减少工程量的估计误差给双方带来的风险,增强造价结算结果的公平性。

(1)计量必须以净值为准。

《招标文件》第四章第二节17.1.2款规定,工程的计量应以净值为准,除非项目专用合同条款另有约定。工程量清单中各个子目的具体计量方法按工程量清单计量规则中的规定执行。

(2)计量必须准确、真实、合法和及时。

"准确"指计量结果是按照规定的计量方法和工程量计算原则而得出的,方法正确,结果准确无误,没有漏计和错计。

"真实"指被计量的工程内容真实可靠,没有虚假的部分,即被计量的工程中没有质量不符合要求的,也没有重复计量,隐蔽工程的数量没有弄虚作假,工程量中没有虚报成分。

"合法"指计量是按规定的程序进行的,因为计量结果是支付的直接基础和依据,关系到业主和承包人双方的经济利益,监理组织机构会制订严格的计量管理程序和指定专人按分级管理的原则进行分工负责,明确谁负责现场计量、谁复核、谁审查、谁审定等各项工作。只有通过程序严格审查,产生的计量结果才是合法的。

"及时"指计量必须按合同规定的时间进行,不得无故拖延。

2.支付的概念

支付是指按合同规定对承包人的应付款项进行确认并办理付款手续的过程。支付是业主与承包人之间的一种货币收支活动,既是施工合同中经济关系全面实现的一个主要环节,也是监理人控制工程的根本手段和制约合同双方(业主与承包人)的有力杠杆。合理的支付是工程顺利进行的前提和条件。

在施工活动中,同时存在着物质运动和资金运动,只有当两种运动取得平衡时,施工活动才能顺利进行。物质运动表现为承包人先将所需的材料采购到工地,再组织劳动力和施工机械对这些分散的材料按设计图纸和技术规范进行加工,最后形成业主所需要的特定的结构物;资金运动为随着工程的进展,资金通过支付而逐步由业主向承包人转移。支付就是保证两种运动达到平衡的基本环节。

如果支付发生问题,就会直接导致施工发生困难,直至施工合同无法履行。因此,只有通过合理而及时的支付,才能公平地实现业主与承包人之间的交易,确保双方的经济利益。

支付签认权是监理人三大权力(质量否决权、计量确认权和支付签认权)之一,是监理人控制工程的最后一个环节,是对承包人施工行为的最终评价,是监理工作的关键和核心。支付必须以合同为依据,以计量为基础,以质量为前提。只有符合合同规定的费用才能签认,对合同中规定不明确的,要依据合同精神,实事求是地去确认,如索赔金额、变更的估价等。支付金额的多少必须以准确的计量为基础。对质量不合格的工程量一律不能支付,并且还要承包人自费返工使其达到合格要求。

支付也同计量一样,必须做到准确、真实、合法和及时。

二、计量与支付的原则

计量与支付不仅直接涉及业主与承包人的经济利益,而且是监理人的重要权力和监理手段。在计量支付中,遵守下列有关基本原则,是做好监理工作的有力保障。

(一)合同原则

无论是计量还是支付,在合同文件中都有明确规定。监理人在进行计量和支付时,必须全面理解合同条件、技术规范、设计图纸和工程量清单等合同文件的各组成部分。如工程量清单计量规则中对每一章每一节都有计量支付的规定,详细说明了各工程细目的内容及要求,对哪些内容不单独计量和支付,其价值如何分摊,都作了具体规定。工程量清单中的单价是承包人按招标文件的要求和合同条件的规定填报的,是支付的单价依据。因此,监理人必须严格遵守合同中的有关规定来进行计量与支付,使每一项工程的计量和支付都符合合同要求。

(二)公正性原则

监理人在计量与支付两个环节中拥有广泛的权力,承包人与业主的货币收支是否合理,取决于监理人签认的工程量和工程费用是否准确和真实。监理人只有保持公正的立场和恪守公正的原则,才能在计量与支付工作中正确地使用权力,准确地计量,实事求是地处理好业主与承包人之间的有关纠纷,合理地确定工程费用。特别是当施工过程中发生工程变更、工程索赔和各种特殊风险时,更是要求监理人公正而独立地作出判断和估价。因此,监理人在计量与支付中,必须认真负责,以实事求是的精神和客观公正的态度做好每一项工作,确保业主与承包人之间的交易公平。

(三)时效性原则

计量与支付都具有严格的时间要求,时效性极强。计量不及时,会影响承包人的施工进度;支付不及时,直接产生合同纠纷。比如《招标文件》第四章17.3.3款规定,发包人应在监理人收到进度付款申请单且承包人提交了合格的增值税专用发票后的28天内,将进度应付款支付给承包人。发包人不按期支付的,按项目专用合同条款数据表中约定的利率向承包人支付逾期付款违约金。违约金计算基数为发包人的全部未付款额,时间从应付而未付该款额之日算起(不计复利)。

(四)程序性原则

为了保证计量与支付准确、真实和合法,合同条款和各项目的监理组织都规定了严格的程序。这些程序规定了各项工程细目和各项工程费用进行计量与支付的条件、办法及计算、复核、审批的环节,从合同上、组织上和技术上对计量与支付加以严格管理,以确保准确和公正。如计量必须以质量合格为前提,支付必须以计量为基础等。因此,计量与支付必须遵守程序,通过按程序办事来提高数据的准确性、真实性和合法性,以保证计量与支付准确、合理。

三、计量与支付的作用

计量与支付一方面是施工合同中的关键内容,是经济利益关系的集中体现,在施工活动中有着极为重要的作用;另一方面也是监理工作的关键和核心,为确保监理人的核心地位提供手段。

(一)调节合同中的经济利益关系,促使合同的全面履行

计量与支付是合同的重要内容,是合同中各类经济关系的全面反映,同时还揭示了施工活动的经济本质。通过计量与支付这两个经济杠杆,调节合同双方利益,制约承包人严格遵守合同,准确按设计图纸和技术规范进行施工,促使业主履行其义务,及时向承包人支付,确保施工活动中资金运动与物质运动平衡地进行,使施工合同得到全面履行。

(二)确保监理人的核心地位

监理人作为业主与承包人之间独立的第三方,由其对工程的质量、进度和费用进行全面控制。通过计量与支付来确保监理人的核心地位,对工程施工进行全面而有效的控制,对业主和承包人的合同行为进行有效的调控。计量与支付为监理人开展监理工作提供最基本的手段。

监理人掌握了计量支付权,就抓住了"主要矛盾",掌握了控制施工活动和调控承包人施工行为最有效的基本手段,抓住了"指挥棒"。如果承包人的施工工艺不符合规范要求,监理人可要求其自费改正;如果所用材料不合格,监理人可以对材料拒收;如果工程质量不合要求,监理人将不予计量和支付,并要求承包人返工使其达到要求;如果承包人不执行有关指令,则将受到罚款或影响企业信誉评价甚至严重终止合同。计量支付权是监理人可以有效地从经济上制约承包人,使其严格按合同要求办事,确保工程质量目标。同样,如果承包人进度过慢,监理人将让其支付拖期违约损失赔偿金和延误罚款;如果进度严重落后,监理人还可以提议与承包人解除合同,这就有效地保证了监理人对工期的控制。

总之,计量与支付工作是控制工程造价的核心环节,是进行质量控制的主要手段,是进度控制的基础,是保证业主和承包人合法权益的重要途径。

四、计量与支付的基本程序

公路工程计量与支付程序大多为施工单位提出申请、监理单位审核、业主单位审批。目前监理一般为两级监理,驻地办和总监办,根据各项目监理分工进行计量数量的核定和支付金额的审核,监理审核完成后报业主审批支付。计量的具体组织形式和方法详见单元3.2,支付必须在质量合格和准确计量的基础上进行,以合同文件和技术规范的要求、原则为依据,按照各项目制定的计量与支付管理办法的规定申报工程计量与支付材料。

以湖北某高速公路为例,该项目为两级监理,驻地办和总监办,驻地办下辖各施工合同段对应一个监理组,计量的申请由施工单位向监理组提出,数量经监理组核定后由施工单位提交计量支付报表资料,驻地办审查合格后提交总监办对申请计量支付的内容数量和质量复审,复审合格后提交业主。业主按不同的职能部门分工审核:质量安全监督部审核本期计量工程内容质量是否合格,业主计划合同部对计量子目、数量、金额进行审核,业主质量安全监督部和计划合同部两个职能部门审核完成后,提交业主领导审批,依次为总工程师、分管合约副总经理、分管财务副总经理、总经理和董事长审批签字,完成以上程序的审核、复核、审批程序后,由业主财务部门办理支付。其计量支付流程图见图3-1。各具体公路工程建设项目其审核、复核及审批签认流程及签认人也略有不同,但基本流程不变。

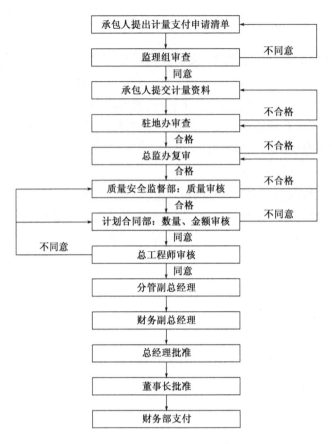

图 3-1 湖北某高速公路计量与支付流程图

1. 计量程序

工程计量由承包人向监理人提出,并附有必要的中间交工验收资料或质量合格证明。监理人对工程的任何部分进行计量时,应按照规定,事先通知承包人。承包人应立即委派合格人员前往协助监理人进行计量工作。计量工作可以由监理人和承包人双方委派合格人员在现场进行,也可以采用记录和图纸在室内按计量规则进行计算,其结果都必须经监理人和承包人双方同意签字认可。

如果承包人在收到监理人的计量通知后,不参加或未派人参加计量工作,根据规定,由监理人派出人员单方面进行的工程计量,经监理人批准的应认为是正确的工程计量,可以用作支付的依据,承包人不可以对此种计量方式提出异议。当监理人有指令时,特别是对隐蔽工程,承包人应对重要隐蔽工程进行拍摄或照相,并应保证监理人有充分的机会对将要覆盖或掩蔽的工程进行检查和量测,特别是在基础以上的任一部分工程修筑之前,对该基础进行检查并确认工程数量。

2. 计量、支付的分工

在一个驻地监理机构中,一般配有多名专业监理工程师,如路基工程师、路面工程师、桥梁工程师、隧道工程师、测量工程师、交通安全工程师、计量工程师等。其中计量工程师专门负责计量与支付,为了控制对应监理合同段的工程费用,不仅应认真尽职地做好计量支付,承担起本监理合同包的计量与支付职责,而且应明确不同细目的计量支付控制目标,在工程费用预算和本段工程费用分析的基础上,找出计量支付的重点,并责任到人,将本合同段支付额较好地控制在合同价款范围内,计量工程师应与驻地的其他监理人员互相协作,共同做好相应的工作。

3. 计量、支付的管理

计量、支付工作十分重要,需要制作大量资料和表格,工作很烦琐,因此,监理人除职责分工明确,目标具体落实外必须建立起行之有效的管理办法,建立计量与支付档案,不断改进管理工作。

对于整个项目来说,计量、支付职责必须落实到人,专人分管并加强对整个项目的计量与支付管理。总监理工程师、驻地监理工程师等都应以计量、支付控制为指导思想,对计量、支付进行严格管理;应建立计量支付的管理制度和各级人员的岗位责任制,并对计量支付工作进行定期检查和考核,对违反支付管理制度的人员给予处理;对工程费用的动态进行全面分析,及时发现问题,对各类工程费用进行专项分析,并在分析的基础上制订专门的管理办法,以保证支付工作的顺利进行。一个大型项目的计量支付工作极其复杂和烦琐,没有严格的管理程序势必造成混乱,计量支付工作的混乱将导致监理人无法进行有效的监理,对此,总监理工程师及其驻地监理工程师必须引起足够重视。

计量与支付是一项综合性极强的工作,必须在质量管理的基础上进行综合管理,其涉及内容多,处理复杂,并且承包人在申请时要申报大量的报表和资料。另外,支付工作的计算和资料管理工作都很繁重。项目中应推行表格和报表的标准化管理,采用计算机来处理报表,以提高计量支付工作的准确性和工作效率。

湖北1+8城市圈出口路某高速公路工程建设项目(模块2引例)中期支付月报样表可扫二维码3-1浏览。

4. 支付的基本步骤

(1)承包人提出申请。

支付工程费用一般由承包人先通过监理人向业主提出付款申请,承包人在付款申请时要出具一系列的有效报表,以说明申请金额的准确性。其主要工作就是填好月报表或月结账单。承包人的月报表应说明其在这个月应收取的金额,一般包括已完成的永久性工程的价值,承包人的设备、临时工程、计日工等款额,材料和待安装工程装置的发票价值的分期付款,价格调整的款项(含物价与法规变更),按合同规定他有权获得的其他任何金额(如索赔和延期付款利息)。月报表应严格按照监理人指定的格式填写。以上各种款项,还应有一系列的附表以说明其价值。

二维码3-1
中期支付月报样表

(2)监理人审核与签认。

审查工作应满足公平性、及时性、准确性的要求。就公平性而言,监理人一方面应通过审查剔除承包人付款申请中不符合合同规定的付款要求,并扣除承包人的违约金或其他损害赔偿,保护业主的合法权益不受损害;另一方面对承包人付款申请中符合合同规定的付款要求应及时予以确认并办理付款签证,以保护承包人的合法权益。就准确性而言,在审查过程中,监理人应注意承包人的付款申请中原始凭据是否齐全,是否有合同依据。比如,承包人申请的工程款中其完成的工程量是否有相应的《中间交工证书》;申请的计日工付款申请是否有监理工程师的计日工指示及确认资料;材料预付款申请是否符合合同规定,是否有监理人对到场材料的数量确认及相应的发票;变更工程的付款申请中是否有监理人的变更令及相应的完成工程量计量证书;其单价是否与工程量清单的单价相符等。另外,在审查过程中,监理人还应复核计算过程的准确性。为保证支付结果的准确性,项目中应坚持分级审批的监理制度(驻地办计量工程师→驻地监理工程师→总监办计量工程师→总监理工程师),防止监理人滥用权力损害公平原则的事情发生。监理人在完成审查工作后及时签发付款证书。

监理人对承包人的月报表进行全面审核和计算,在逐项审核和计算的基础上签认应支付的工程费用,一般以支付证书的方式确认工程费用的数额。

(3)业主付款。

业主收到监理人签认的支付证书后,按合同规定的时间支付费用给承包人。

单元3.2　公路工程计量

一、计量依据及范围

计量的主要依据有质量合格证书、工程量清单及说明、工程量清单计量规则说明及条款、施工图纸及各种测量数据、合同条款中计量支付条款、有关计量的补充协议、索赔资料等。

计量的范围包括工程量清单中的全部内容、合同文件中规定的项目、变更项目、工程变更后的工程量、计日工使用的具体数量、各种意外事件等。

二、计量组织类型

工程计量一般有三种组织类型,即监理人单独计量、承包人单独计量和监理人与承包人联合计量。这三种计量类型各有特点,但无论如何,计量都必须符合合同要求,其结果必须由监理人确认。

1. 监理人单独计量

监理人单独计量时,计量范围可由监理人完全把控,剔除质量不合格的工程,也很少出现多计、少计、漏计的情况,能够确保记录结果的准确性,但相应地,监理人的工作量较大,且容易引起承包人的异议而延误计量工作时间。

2. 承包人单独计量

这种方式可以减轻监理人的工作,让监理人有时间进行计量分析和计量管理。但由于承包人是自行计量,往往会出现多计和冒计的问题,有时计量细节和计量方法甚至算术计算也有差错,并且一些质量不合格的工程也可能被计量。因此,在这种情况下,监理人一定要认真细致地审查计量结果,并定期派人对承包人的测量工作进行检查,最好派有经验的计量人员经常检验及控制承包人的计量工作。即当由承包人单独计量时,监理人一定要对计量结果的准确性和测量方法及计算规则进行严格审查。

3. 监理人与承包人联合计量

这种方式有利于消除双方的疑虑,当场解决分歧,减少争议,能较好地保证计量结果的公正性和准确性,同时能简化程序、节约时间。因此,公路工程合同中较多地采用联合计量,即承包人和监理人共同进行计量工作。

三、计量方法

常见计量方法有以下 6 种。

1. 实地测量与实地勘查

如土方工程,一般需对原本地面高程、土石分界、横断面宽度、挖方的边长等实地测量和勘查;又如场地清理也需按野外实地测得的数据,根据计算规则进行计算。特别对于隐蔽性工程,在覆盖前须完成各方认可的现场核查工作。

2. 室内按图纸计算

对于钢筋混凝土结构物及多数永久工程,一般可按照设计图纸所示的尺寸进行工程量计量。例如混凝土的体积、钢筋的长度、钻孔灌注桩的桩长等。

3. 根据现场记录

如计日工必须按现场记录来计算,灌注桩抽芯应按取芯时的钻探记录计算,打桩工程按施工记录计算等。

4. 钻孔取样法

主要用于道路面层结构的计量,采用钻孔取样法确定结构层的厚度。

5. 均摊法

就是对清单中某些项目的合同价款,按合同工期平均计量。它适用于临时道路、电气设备、电信设施及供水与排污设施的修建与养护等清单项目。

6. 凭证法

就是根据合同中要求承包人提供的票据进行计量支付。如建筑工程一切险和第三方责任险的保险费等,一般按凭证法进行计量支付。

如果对永久工程采用图纸和记录的方式计量,监理人则应准备该项工程项目的图纸和记录。当承包人被通知要求参加此项计量时,应在通知发出 14 天内与监理人一同查阅和确认记录与图纸,双方同意后在上面签字。如果承包人不参加或不委派人参加上述记录和图纸的审查与确认,则应认为这些记录和图纸是正确无误的,除非承包人在上述计量后 14 天内向监理人提出申辩,说明承包人认为上述记录和图纸有不正确之处,要求监理人予以决断。监理人在收到承包人的申辩后应进一步检查记录和图纸,或者维持原议或者进行修改,并将复议后的结果通知承包人。

一般情况下,工程量的计算由承包人负责,工程量审核由监理工程师负责。通常一个工程项目的计量往往是综合运用多种方法的。不论采用何种方法,其结果都须经监理人和承包人双方同意并共同签字。有争议时可协商解决,协商解决不了的仍由监理人决定。

四、计量内容

理论上,所有工程事项均应加以计量,以便获得完整的记录;实际上,工程中只是对所有需要支付的细目加以计量,这是计量工作范围的最低要求。这些细目在《招标文件》第八章"工程量清单计量规则"中的第100章至第700章"工程量计量"及"工作内容"栏中对应子目号一一进行了说明,另在"工程量清单说明""投标报价说明""计日工说明"中明确规定了计量方法与付款内容。

除了对已完成的工程细目进行计量和记录外,监理工程师最好对那些涉及付款的工程细目在施工中发生的一切问题进行详尽记录,以便在发生索赔时有据可查。因此,计量工作的范围有最高要求与最低要求,具体达到什么样的要求,由具体工程项目的内容及施工情况而定。

公路工程计量的范围一般是技术规范和工程量清单所包含的内容,一般包括:临时工程、路基工程、路面工程、桥梁工程、交通安全设施工程、绿化工程、通信监控系统、收费系统、房建工程和附属工程等。

五、计量时间

根据合同规定,监理工程师应及时对已经完成且质量合格的工程细目进行计量,并且对一切进行中的工程,均需每月粗略计量一次,到该部分工程完工后,再根据规范的条款进行精细的计量。每月进行计量以便掌握工程进度情况及核定月进度款(即期中支付证书),为此,监理工程师一般需填制"中间计量单"。对于隐蔽工程,则须在工程覆盖之前进行计量,在覆盖后再进行计量将使工作更复杂和更困难。

六、计量单位与计量精度

计量单位分两类,一类是物理计量单位,另一类是自然计量单位。物理计量单位以公制计量,自然计量单位通常采用十进制自然数计算。

对于物理计量单位,长度常用米、延米、千米、公里;面积常用平方米、万平方米、公顷;体积常用立方米、万立方米、立方分米;质量常用克、千克、吨;自然计量单位常用棵、个、片、座、株、套;时间单位常用小时、工日、星期、月、年等。

对于精度,为方便起见,须四舍五入至小数点后恰当的位数,并且应对不同的细目分别作出统一规定。

在实际工作中,常常会出现计量名称、符号及取位错误和不规范的情况。同时,还应该注意的是,各细目的计量单位必须与工程量清单中所用单位一致,所有计量都以净值为准。

七、计量规则

计量规则主要在《招标文件》第八章"工程量清单计量规则"的有关内容和工程量清单的

"前言"中予以明确。在进行计量时必须遵守其要求,并且在不同的项目中,这些计量规则会有差别(即使对同一工程内容)。

(1)计量时必须严格按合同计量细则的规定进行计量,仔细阅读招标文件项目专用本,不能按习惯方法计量,也不能按其他项目的计量细则执行。

(2)计量的一般规定如下:

①所采用的测量方法,是计算工程量清单的统一依据,既适用于在建工程,也适用于该工程竣工测量。

②工程量清单不仅包括合同规定的所有必须完成的工作项目,还包括该项目工作所必需的一切有关费用(如人工、材料、机械、附属工程、管理费、利润、税收等)。计量和支付是紧密结合在一起的。

③对所采用的测量方法,如用于特殊地段、特殊部位的工程项目时,应根据具体情况制订项目专用的补充规定。

④工程量清单的细目,均需逐项进行较详细的说明。这些说明应以设计文件图纸为依据,并与合同文件中的施工技术规范相呼应。

⑤计算的工程量,不论采用什么方法,其计算结果都应该是净尺寸工程量。计算结果不包括施工中必然发生的允许"合理超量"。超量价值应包括在净量单价内(例如超宽填、扩孔量等)。

⑥以长和宽计量的项目,应注明其断面尺寸、形状、周长或周长范围及其他适当的说明。管道工程应注明其内径或外径尺寸。

⑦以面积计量的项目,应注明厚度或其他适当的说明。

⑧以质量计量的项目,应注明材料的规格或其他适当的说明。

⑨对于专利产品,应尽量采用适合制造厂价目表或习惯的计量方法。

⑩工程量清单中的项目说明,要以其他文件或图纸为依据时,在这种情况下,应解为该资料是符合计算原则的。

八、计量管理

1. 落实计量职责

为使计量工作责任分明,监理机构中一般设有专门负责计量的工作班子,并在每个驻地办事机构中设一名专门的计量工程师。例如,湖北某高速公路项目的计量工作由驻地办审核,由总监办法审定。具体做法是,由驻地的各专业监理工程师对其分管项目进行计量并审核质量,并签署《中间交工证书》,由计量工程师审查《中间交工证书》,核查其工程量是否准确;如有疑问,计量工程师有权要求各专业监理工程师提供资料和有关情况,经计量工程师审查后再交驻地监理工程师,而驻地监理工程师则共同对本合同段的计量工作负全面责任。驻地办审核后提交总监办,总监办各职能部门各司其职审核相应的内容,质量安全监督部审核计量的内容有无不合格、机务材料部审核材料预付款的材料数量、规定、价格等信息,计划合同部审核工程数量及合同部分,分别审核签认后交总监理工程师审批。

上述举措的目的就是明确计量职责,清除计量工作的混乱,保证计量工作的准确性。通过对计量工作的分工,使工程计量责任到人,并通过对计量的复核、审定等程序落实计量人员的岗位责任制,对计量工作进行有效管理。

2. 做好计量记录

计量记录与档案是计量管理中的一个重要内容。对于公路工程这样大型的复杂项目,要进行多次计量,形成一系列的计量资料,只有在完善计量记录的基础上加强对计量档案的管理,才能使项目的计量工作顺利完成。

为了便于合同管理,正确评价工程和查询交流计量工作,项目中必须加强工程计量(中间计量)档案管理。

计量应根据合同的要求做好记录。符合要求的记录应能说明哪些已经计量,哪些尚未计量,哪些已经签发支付证书,哪些尚未签发证书。

计量时监理工程师还应完成以下工作:

(1)在一套图纸中(最好挂在墙上),用彩笔将所进行工程的位置在图纸上标示出来,并在适当的位置作详细补充说明,如工程的开始、结束及几何尺寸等数据。这将有助于做好计量记录。

(2)保存一套档案,包括计量证书的号码及所计量的数量。所有计量证书必须是承包人和监理人共同签署的,只有这样才能作为支付的凭证。

(3)记录工程量清单中所列出的分类细目的数量与计量后数量的差异,及双方同意的任何进度支付证书应付的款额。

(4)对计日工应记录在有号码的计量证书上,并由承包人代表及监理工程师代表共同签名。计日工应详细记录如下内容:记录按指令进行的该项计日工的估计数量和付款额已获同意,记录计日工已完成的数量及付款金额;如果计日工的时间超过一个月,应在暂时计量单上记账,并在计量证书上另立系列号码,这些记录应与累计账册一同归档;记录已同意的计日工单价、付款的金额、付款报表号码。

(5)工程变更应记录已下达的变更令为依据,已同意的单价和价格调整,增加费用的计量证书应另编系列号码,分开存档。

(6)对于现场存放的材料应每月计量记录一次,其计量表中应记录已发到现场的材料种类和数量及这些材料的发票面值;已计量的数量应记录每一次报表中的预付金额及回收金额,材料计量证应另编系列号码,并应与发票及所有材料的累计账册一同归档。

3. 计量分析

为了做好计量的管理工作,除落实职责和加强记录与档案的管理外,工作中还应加强计量分析,一方面及时发现计量工作中的问题,另一方面及时掌握工程进度,为进度监理和费用支付提供基础。

为了便于计量的分析与管理,计量的表格应统一,做到标准化和规范化。监理工程师应设计好表格,让承包人和具体从事计量的人员遵照填写,这便于采用计算机辅助计量和进行计量分析。

计量分析时,一方面应对照原工程量清单和设计图纸进行分析,将实际工程量与原设计的工程量进行对比,发现偏差并分析偏差的原因;另一方面以计量的工程量为依据,计算出实际进度,将实际进度与批准的进度进行比较,发现进度偏差,并找出原因从而采取措施改进。

计量分析也应对计量的方法是否恰当,计量的结果是否准确,以及是否有质量不合格的工程等进行分析,通过分析找出是否有多计、错计的部分。

除此之外,计量管理还包括计量争端的协调与处理。计量是费用支付的直接基础,也是对承包人工作的一种基本评价,因此,在计量工作中难免发生争端与分歧,监理工程师必须协调各方,尽快解决争端。

九、计量中常见问题

计量过程贯穿整个施工期间,时间长,涉及面广,计量中难免出现一些问题。根据经验,常见问题如下。

1. 漏计、重计、错计、多计

由于公路工程章节和子目数量众多,对已完部分尽可能充分统计以免漏计;对于已经计量过的内容多次计量就是所谓的重复计量,如果是承包人自行计量,往往可能会出现多计和冒计的问题。建立计量清单台账或利用计量支付软件细化分解到分项工程以避免重复计量;错计就是计量数据不准确,在后期计量中如果发现之前的错误应及时纠正,或者在交工结算时纠正。

2. 计量单位不一致

设计图纸构造物单位与工程量清单计量单位不一致,比如在桥梁工程中,图纸中出现的数量经常以 t 为单位,而工程量清单的单位为 kg;在路面工程中,基层水泥稳定土在图纸中单位为 m^3,而工程量清单中为单一厚度以 m^2 为单位。

3. 对隐蔽工程计量数量的不认可

隐蔽工程的数量是弄虚作假的重灾区,确保隐蔽工程的数量没有虚报成分,确保计量数据的真实性,严格计量程序,坚持隐蔽工程施工、监理和业主三方现场确定。

4. 质量不合格

常遇到个别工程质量出现不符合验收标准,需要整改或者返工的问题,计量支付是以已完和质量合格两个前提为基础的,质量不符合要求不予计量,即使计量了也不予支付,直至质量达到验收标准。在计量申报中,可能会出现质量不合格而施工单位也申请计量的情况,这需要监理工程师严格把关,将质量不合格的部分剔除。

5. 计量方法和标准不统一

有时计量细节和计量方法甚至算术计算也会出现差错。在计量过程中,如果发现各方计算数量不一致,应查找原因,如土方体积计算时常采用断面法,如果计量结果差异超过 5%,可统一采用似棱体公式计算。为减少此问题,应严格按照技术规范和工程量清单计量规则要求执行。

6. 计量不及时

施工各工序有着严格的顺序,前一工序完成后必须及时验收计量才能进入下一工序的施工,实际工作中可能出现由于监理人员工作繁忙或者其他因素导致计量不及时的情况,这会对计量工作和工程进度产生影响。故必须按合同规定的时间进行计量,不得无故推延。

7. 达不到支付最低限额

计量与支付是两个不同的概念,不可混淆,如果在施工过程中某一计量支付周期内完成工作内容经计算达不到支付最低限额,可以合并到下一周期一并支付,但计量工作不应受到影响。

单元3.3　公路工程费用的结算与支付

工程费用的结算就是业主将承包人在一定时期已完成并且符合质量要求的工程进行计量,并按合同约定的价格计价后支付给承包人。在工程管理中,工程结算又称为费用支付。费用支付的时间、内容、程序和方法,都应按照合同规定进行。

一、支付的一般规定

1. 支付时间

监理人一般在收到承包人进度付款申请单及相应的支持性证明文件后的14天内完成核查(以具体项目监理实施细则为准),提出业主到期应支付给承包人的金额及相应的支持性材料,经业主审查同意后,由监理人向承包人出具经业主签认的进度付款证书。监理人有权扣发承包人未能按照合同要求履行任何工作或义务的相应金额。业主应在监理人收到进度付款申请单且承包人提交了合格的增值税专用发票后的28天内,将进度应付款支付给承包人。业主不按期支付的,按项目专用合同条款数据表中约定的利率向承包人支付逾期付款违约金。

监理人出具进度付款证书,不应视为监理人已同意、批准或接受承包人已完成该部分工作。进度付款涉及政府投资资金的,按照国库集中支付等国家相关规定和专用合同条款的约定办理。

2. 支付范围

所有到期并符合合同要求的工作内容均应计价支付。

3. 支付方法

根据各种工程费用的特点和支付要求分项、分类计算,汇总后扣减承包人对业主的预付款。清单中的内容,应按各工程细目的支付项目分项计算;各类附加支付则应分类计算,汇总各分项和各类金额。

4. 支付货币

国内工程项目除有特别说明外,支付货币均指人民币(元)。

5. 支付依据

支付依据必须准确可靠。进行工程费用支付时,需要大量的凭证和依据,这些依据直接确定了支付费用的数额。监理人在支付时,必须取得和分析这些数据,并对其可靠性进行评价判断。凭证和依据应能准确表达所支付的工程费用,这些依据或凭证一方面必须在数量上准确,另一方面必须在程序上完备。数量上准确是不言而喻的,计量证书中的工程量必须按计量的要求和程序确认,价格调整采用的价格指数必须准确等。程序上的完备包括监理工作的管理程序和财务制度及合同方面所规定的程序,即通过这些程序确保凭证的合法性。

6. 计量周期

除另有约定外,单价子目已完成工程量按月计量,总价子目的计量周期按批准的支付分解报告确定。

二、支付种类

支付可以分为很多种,不同种类的支付有不同的规定及不同的程序与支付办法。

1. 按时间分类

支付按时间可分为预先支付(即预付)、期中支付、交工结算、最终结算四种。

(1)预付。预付款包括开工预付款和材料预付款,是由业主提供给承包人的无息款项,按一定条件支付并扣回。

(2)期中支付。就是我们所熟悉的进度款,按月支付,即按本月完成的工程价值及其他有关款项进行综合支付,由监理人开出期中支付证书来实施。

(3)交工结算。交工验收证书签发42天内,监理人签发交工证书后办理的支付工作。

(4)最终结算。即在缺陷责任期终止证书签发后办理的最后一次支付工作。

2. 按支付内容分类

按支付内容可分为工程量清单内的付款和工程量清单外的付款,即清单支付和附加支付。清单支付就是按合同条件、技术规范要求、工程量清单计量规则,监理人通过计量,确认已完工程量,然后按已确认的工程数量与报价单中的单价,估算和支付工程量清单中各项工程费用。附加支付就是监理人按合同条件的规定,根据工程实际情况和现场证实资料,确认清单以外的各项工程费用包括开工预付款、材料预付款、质量保证金、农民工工资保证金、工程变更费用、价格调整费用、索赔费用、承包人的违约金、提前竣工奖、迟付款利息等。

清单支付在支付金额中占比最大,也是主要支付,并且合同中规定比较明确。而附加支付占的比重较小,但却是支付中的难点。因为合同中对此无准确估计和详细规定,只是在合同条件中做了原则性规定,它们的发生主要取决于两方面的情况,一方面是工程施工过程中本身遇到的客观意外和工程管理中遇到的问题,另一方面则涉及社会因素如法规变更、物价涨落和地方干扰等。因此,附加支付是否合理和准确,取决于监理人对合同条件的理解程度及现场实际情况的掌握程度。

3. 按工程内容分类

工程内容包括工程量清单第100章到第700章各章节细目(总则,路基,路面,桥梁、涵洞,隧道、安全设施及预埋管线、绿化及环境保护设施),还包括计日工、暂定金额等。

4. 按合同执行情况分类

根据合同执行是否顺利,监理人要进行正常支付和合同终止后的支付。正常支付就是业主与承包人双方履行合同约定,使工程顺利实施并结算支付。合同终止后的支付是指业主或承办方的违约或发生无法控制的不可抗力等特殊风险,使合同不可能继续履行而终止时,业主向承包人所作的结算。

三、工程量清单的项目支付

1. 开办项目的支付

开办项目的计量支付规定在合同专业条款、技术规范和工程量清单计量规则中有明确说明,在办理支付时,应先落实开办项目的完成情况,然后按上述规定办理支付。主要为工程量清单中第 100 章的费用(均按总额为单位),开办项目常见有保险费、工程管理、临时工程与设施、承包人驻地建设、施工标准化等。例如保险费,《招标文件》第四章第二节 20.1 款规定,建筑工程一切险的投保内容:为本合同工程的永久工程、临时工程和设备及已运至施工工地用于永久工程的材料和设备所投的保险。保险金额:工程量清单第 100 章(不含建筑工程一切险及第三者责任险的保险费)至第 700 章的合计金额。发包人在接到保险单后,将按照保险单的费用直接向承包人支付。

【案例 3-1】 湖北 1+8 城市圈出口路某高速公路工程建设项目(模块 2 引例)申请第一期计量支付,其中对工程量清单中第 100 章开办项目的支付,根据项目专业合同条款及对应的技术规范和项目专用工程量清单计量规则进行。

经查阅项目专用本招标文件,对第 100 章各细目的支付规定及第一期的计量比例统计见表 3-1。

第 100 章计量支付规定及第一期计量比例   表 3-1

子目号	子目名称	单位	项目专用本对 100 章支付规定	第一期计量比例	数量
101	通则				
101-1	保险费				
-a	按合同条款规定,提供建筑工程一切险	总额	根据保险公司的保单,经监理人签证后支付	100%	1
-b	按合同条款规定,提供第三者责任险	总额		100%	1
102	工程管理				
102-1	竣工文件	总额	监理人验收合格后一次性支付	0	0
102-2	施工环保费	总额	子目费用每三分之一工期支付总额的 30%,交工验收证书签发支付,支付总额的 10%	30%	0.3

续上表

子目号	子目名称	单位	项目专用本对100章支付规定	第一期计量比例	数量
102-3	安全生产费	总额	根据项目专用本规定,以实际投入并限额实报	—	—
102-4	信息化系统				
-a	工程管理软件系统(不含发包人提供的工程管理软件)	总额	经监理人验收后,支付监理人确认的实际金额的90%;交工验收证书签发之后,支付剩余的10%	90%	0.9
-b	发包人提供的工程管理软件(暂估价)	总额		90%	0.9
103	临时工程与设施				
103-1	临时道路修建、养护与拆除(包括原道路的养护费)		临时工程完工后,由监理人验收合格后分期支付,所报总额的80%,应在第1次至第4次进度付款证书中,以4次等额予以支付;所报总价中余下的20%,待交工验收证书颁发后支付		
-a	新建便道	总额		20%	0.2
-b	利用或改建便道	总额		20%	0.2
-c	原有道路恢复费	总额		20%	0.2
103-2	临时占地	总额		20%	0.2
103-3	临时供电设施架设、维修与拆除	总额		20%	0.2
103-4	电信设施的提供、维修与拆除	总额		20%	0.2
103-5	临时供水与排污设施	总额		20%	0.2
104	承包人驻地建设				
104-1	承包人驻地建设(含工地试验室、预制场及拌和场及堆放场地标准化建设)	总额	驻地建设完成后,经监理人现场核实,以总额计量,支付子目所报总价的90%,应在第1~3次进度付款证书中,以3次等额支付,余下的10%,应在承包人驻地建设已经移走和清除,并经监理人验收合格时予以支付	30%	0.3

2. 永久工程的支付

永久工程(如路基、路面、桥涵等)工程量清单见第200章至第700章,其工程量应按工程量清单计量规则中的计量方法进行计量,并有监理人签认的计量证书;其单价应按工程量清单中的相应单价来确定支付金额。

【案例3-2】 湖北1+8城市圈出口路某高速公路工程建设项目(模块2引例),申请第一期计量支付,已知工程量清单第400章本月完成的实体工程量中K8+050杨家村大桥0号台左0-1桩基数据统计,基础光圆钢筋283kg,基础带肋钢筋1494kg,0号台左0-1为桩径ϕ1.2m陆上灌注桩桩长22m,进行本桩基的支付申请。

根据工程量清单计量规则,在标价的工程量清单中查询到相应单价,如表3-2所示。

K8+050 杨家村大桥 0 号台左 0-1 桩基计算表　　　　　表 3-2

子目号	项目名称	桩号	单位	数量	单价	监理签认支付证书号
403-1-a	基础光圆钢筋	K8+050 杨家村 0 号台左 0-1 桩基	kg	283	5.40	××-0×××
403-1-b	基础带肋钢筋		kg	1494	5.45	
405-1-a-1	陆上灌注桩桩径 φ1.2m		m	22	1414.42	

从表 3-2 中各子目的工程数量及单价乘积计算可知,此桩基应申请支付金额为:$283×5.4 + 1494×5.45 + 22×1414.42 = 40787.74$(元)。

3.计日工的支付

按照合同约定,当发包人认为有必要时,由监理人通知承包人以计日工方式实施变更的零星工作。其价款按列入已标价工程量清单中的计日工计价子目及其单价进行计算。

采用计日工计价的任何一项变更工作,应从暂列金额中支付,承包人应在该项变更的实施过程中,每天提交以下报表和有关凭证报送监理人审批:

(1)工作名称、内容和数量;
(2)投入该工作所有人员的姓名、工种、级别和耗用工时;
(3)投入该工作的材料类别和数量;
(4)投入该工作的施工设备型号、台数和耗用台时;
(5)监理人要求提交的其他资料和凭证。

计日工由承包人汇总后,按约定列入进度付款申请单,由监理人复核并经发包人同意后列入进度付款。

实际实施数量以监理人指令并签认数量为准,单价以工程量清单中计日工单价表填列计日工子目的劳务、材料和施工机械的基本单价为准,合同期间内不得调价。

4.暂列金额

根据《招标文件》第四章第二节 15.6 款规定,暂列金额应由监理人报发包人批准后指令全部或部分地使用,或者根本不予动用。对于经发包人批准的每一笔暂列金额,监理人有权向承包人发出实施工程或提供材料、工程设备或服务的指令。这些指令应由承包人完成,监理人应根据《招标文件》第四章第二节第 15.4 款规定的变更估价原则和第 15.7 款的规定,对合同价格进行相应调整。当监理人提出要求时,承包人应提供有关暂列金额支出的所有报价单、发票、凭证和账单或收据,除非该工作是根据已标价工程量清单列明的单价或总额价进行的估价。

四、开工预付款的支付及扣回

预付款用于承包人为合同工程施工购置材料、工程设备、施工设备、修建临时设施以及组织施工队伍进场等。预付款的额度和预付办法在专用合同条款中约定。预付款必须专用于合同工程。

1.开工预付款的支付

开工预付款的具体金额在项目专用合同条款数据表中约定,金额一般应为 10% 签约合同价。在承包人签订了合同协议书且承包人承诺的主要设备进场后,监理人应在当期进度付款证书中向承包人支付开工预付款。

【案例3-3】 湖北1+8城市圈出口路某高速公路工程建设项目(模块2引例)在项目专用本中约定,签订合同进场后,向承包人支付开工预付款50%的价款;在承包人承诺的主要人员、设备进场后,再支付剩余的50%。承包人不得将该预付款用于与本工程无关的支出,监理人有权监督承包人对该项费用的使用,如经查实承包人滥用开工预付款,发包人有权立即向银行索赔履约保证金,并解除合同。

该项目第×合同段签约合同价为投标报价(人民币457760594元),约定开工预付款为签约合同价的10%,施工单位已进场并已申请第一笔预付款,现人员设备均已进场,申请第二笔施工预付款,经监理人和业主检查满足合同要求,具备第二次申请条件。开工预付款申报表如表3-3所示。

某高速公路工程建设项目 表3-3
开工预付款支付申请表

承 包 人:××路桥有限公司　　　　　　　　合同段:第××-×合同段
监理单位:××监理有限公司　　　　　　　　编　　号:××-×-×××-002

我单位已向业主提交了经过认可的履约担保和开工预付款保函,投标文件载明的主要人员和设备已进场,现根据合同条款的约定,申请支付投标函附录中填定的开工预付款的50%,人民币(大写)<u>贰仟贰佰捌拾玖万零肆佰柒拾陆元整</u>(￥22890476.00元),请予审核批准。 附件: 1. 中标通知书 2. 履约担保 3. 合同协议书 4. 投标函附录 　　　　　　　　　　　　　　　　　　　　　　　　　承包人:　　　年　月　日
驻地监理工程师: 　　　　　　　　　　　　　　　　　　　　　　年　月　日

工程技术部: 　　　　　年　月　日	质安监督部: 　　　　　年　月　日
计划合同部: 　　　　　年　月　日	计划财务部: 　　　　　年　月　日
总工程师: 　　　　　年　月　日	分管副总经理: 　　　　　年　月　日
分管财务副总经理: 　　　　　年　月　日	总经理: 　　　　　年　月　日

董事长: 　　　　　　　　　　　　　　　　　　　　　　　　　　　　年　月　日

2. 预付款保函

承包人无须向发包人提交预付款保函。发包人向承包人支付的预付款,应按照招标文件专业合同条款规定使用,承包人提交的履约保证金对预付款的正常使用承担保证责任。

3. 预付款的扣回与还清

开工预付款在进度付款证书的累计金额未达到签约合同价的30%之前不予扣回,在达到签约合同价30%之后,开始按工程进度以固定比例(即每完成签约合同价的1%,扣回开工预付款的2%)分期从各月的进度付款证书中扣回,全部金额在进度付款证书的累计金额达到签约合同价的80%时扣完。

【案例3-4】 湖北1+8城市圈出口路某高速公路工程建设项目(模块2引例)第一合同段,签约合同价为457809517元,中期计量第二期末进度付款证书累计金额为120552210元,还未达到起扣限额,第三期(××××年××月),累计进度付款为185925567元,超过的签约合同价的30%(即137342855元),本期起开始按进度固定比例扣回。

根据合同约定,第三期应扣回开工预付款,如表3-4所示。

某高速公路工程建设项目 表3-4
扣回开工预付款一览表

施工单位:××路桥有限公司　　　　　合　同　号:××-××××
监理单位:××监理有限公司　　　　　编　　　号:ZF-009-01-03
第3期结算　　　　　　　　　　　　　截止日期:2020.12.31　　第1页 共1页

A:合同总价(人民币元):	457809517
B:开工预付款起扣金额:	137342855
C:到本月末中期支付证书"合计"栏累计完成金额(人民币元):	185925567
D:C>B的时间:	2020年12月
E:合同期限(月):	24
F:已付开工预付款(人民币元):	45780952
G:月扣除开工预付款:	
扣除开工预付款:	人民币　%(人民币　元)
到上月末完成:	0
本月完成:	9716542
到本月末完成:	9716542

承包人:　　　　　　　驻地监理工程师:　　　　　　　计划合同部:

五、材料、设备预付款的支付及扣回

1. 材料、设备预付款的支付

材料、设备预付款按项目专用合同条款数据表中所列主要材料,设备单据费用(进口的材料、设备为到岸价,国内采购的为出厂价或销售价,地方材料为堆场价)的百分比支付。其预付条件为:

(1)材料、设备符合相关规范要求并经监理人认可。

(2)承包人已出具材料、设备费用凭证或支付单据。

(3)材料、设备已在现场交货,且存储良好,监理人认为材料、设备的存储方式。符合要求。则监理人应将此项金额作为材料、设备预付款,计入下一次的进度付款证书中。

在预计交工前3个月,将不再支付材料、设备预付款。材料、设备预付款的比例一般为主要材料、设备单据所列费用的70%～75%,最低不少于60%。

2. 材料、设备预付款的扣回与还清

当材料、设备已用于或安装在永久工程之中时,材料、设备预付款应从进度付款证书中扣回,扣回期不超过3个月。已经支付材料、设备预付款的材料、设备的所有权应属于发包人。

【案例3-5】 湖北1+8城市圈出口路某高速公路工程建设项目(模块2引例),2020年10月预付款的材料统计表见表3-5,预付款为466610元。另2020年11月预付材料款为850005元,2020年12月预付材料款为780953,2021年1月预付材料款为521234元。

10月份进场的这部分钢材和水泥(表3-5),如果在11月应用于永久性工程并进行了进度款的申报,则对应扣回;如果混凝土龄期不足还没有参与进度款的申请,则给予缓冲时间,可在12月再扣回,但最晚也要在2021年1月的进度款中扣回,即扣回期不超过3个月。

2020年10月材料预付款统计表　　　　表3-5

材料编号	材料名称	规格型号	单位	数量	单价	金额	材料进场时间	材料来源	票据
1	2	3	4	5	6	7	8	9	10
SN-PO-4	水泥P.O42.5	P.O42.5	t	742.680	450.00	334206	2020.10.5	华新	略
GJ-Y-8	圆盘钢筋	φ8	t	4.585	3400.00	15589	2020.10.15	鄂钢	略
GJ-L-22	螺纹钢筋	⌼22	t	34.870	3350.00	116815	2020.10.18	鄂钢	略
	合计					466610			

鉴于在实际工程中很难区分哪部分预付的材料是否进行了进度款的申请,一般情况下为了方便操作,可规定固定的扣回周期,比如扣回期为3个月,到期后全额扣回,见表3-6。

某公路工程建设项目 表 3-6
扣回材料预付款一览表

施工单位：××路桥有限公司　　合同段：××××-1
监理单位：××监理有限公司　　合同号：××-××××　　编号：ZF-008-××-××××
第 4 期结算　　　　　　　　　截止日期：2021.1.31

日期	预付金额(元)			扣回金额(元)		
	累计预付金额	上期末预付金额	本期预付金额	本期末回扣金额	上期末回扣金额	本期回扣金额
2020 年 10 月	466610	0	466610	0	0	0
2020 年 11 月	1316615	466610	850005	0	0	0
2020 年 12 月	2097568	1316615	780953	0	0	0
2021 年 1 月	2618802	2097568	521234	466010	0	466010
备注						

承包人：　　　　驻地监理工程师：　　　　机务材料部：　　　　计划合同部：

六、质量保证金的支付及返还

1. 质量保证金的支付

监理人应从第一个付款周期开始，在发包人的进度付款中，按项目专用合同条款数据表规定的百分比扣留质量保证金，直至扣留的质量保证金总额达到项目专用合同条款数据表规定的限额为止。质量保证金的计算额度不包括预付款的支付及扣回的金额，目前执行的标准为 3%。

《招标文件》将此细化为交工验收证书签发后 14 天内，承包人应向发包人缴纳质量保证金；质量保证金可采用银行保函或现金、支票形式，金额应符合项目专用合同条款数据表的规定；采用银行保函时，出具保函的银行须具有相应担保能力，且按照发包人批准的格式出具，所需费用由承包人承担。质量保证金采用现金、支票形式提交的，发包人应在项目专用合同条款数据表中明确是否计付利息及利息的计算方式。

2. 质量保证金的返还

在专用合同条款约定的缺陷责任期满时，承包人向发包人申请到期应返还承包人剩余的质量保证金金额，发包人应在 14 天内会同承包人按照合同约定的内容核实承包人是否完成缺陷责任。如无异议，发包人应当在核实后将剩余保证金返还承包人。

在专用合同条款约定的缺陷责任期满时，且质量监督机构已按规定对工程质量检测，并鉴定为合格，承包人向发包人申请到期应返还承包人剩余的质量保证金金额，发包人应在 14 天内会同承包人按照合同约定的内容核实承包人是否完成缺陷责任。如无异议，发包人应当在核实后将剩余保证金返还承包人。

承包人没有完成缺陷责任的,发包人有权扣留与未履行责任剩余工作所需金额相应的质量保证金余额,并有权根据缺陷责任期延长的约定要求延长缺陷责任期,直至完成剩余工作为止。由于承包人原因造成某项缺陷或损坏使某项工程或工程设备不能按原定目标使用而需要再次检查、检验和修复的,发包人有权要求承包人相应延长缺陷责任期,但缺陷责任期最长不超过2年。

七、农民工工资保证金

为确保施工过程中农民工工资实时、足额发放到位,承包人应按照项目专用合同条款约定的时间和金额缴存农民工工资保证金。农民工工资保证金可采用银行保函或现金、支票形式。采用银行保函时,出具保函的银行须具有相应担保能力,且按照发包人批准的格式出具,所需费用由承包人承担。农民工工资保证金的扣留条件、返还时间按照项目专用合同条款的约定执行。

八、其他

1. 变更费用

详见本模块3.5单元。

2. 索赔费用

详见本模块3.5单元。

3. 价格调整

详见本模块3.5单元。

4. 逾期交工违约金

由于承包人原因造成工期延误,承包人应支付逾期交工违约金。逾期交工违约金的计算方法在项目专用合同条款数据表中约定,时间自预定的交工日期起到交工验收证书中写明的实际交工日期止(扣除已批准的延长工期),按天计算。逾期交工违约金累计金额最高不超过项目专用合同条款数据表中写明的限额,逾期交工违约金限额一般应为10%签约合同价。发包人可以从应付或到期应付给承包人的任何款项中或采用其他方法扣除此违约金。承包人支付逾期交工违约金,不免除承包人完成工程及修补缺陷的义务。

如果在合同工程完工之前,已对合同工程内按时完工的单位工程签发了交工验收证书,则合同工程的逾期交工违约金,应按已签发交工验收证书的单位工程的价值占合同工程价值的比例予以减少,但本规定不应影响逾期交工违约金的规定

5. 提前竣工奖

发包人不得随意要求承包人提前交工,承包人也不得随意提出提前交工的建议。如遇特殊情况,确需将工期提前的,发包人和承包人必须采取有效措施,确保工程质量。

如果承包人提前交工,发包人支付奖金的计算方法在项目专用合同条款数据表中有约定,时间自交工验收证书中写明的实际交工日期起至预定的交工日期止,按天计算。但奖金最高限额不超过项目专用合同条款数据表中写明的限额。

6. 逾期付款违约金

发包人应在监理人收到进度付款申请单且承包人提交了合格的增值税专用发票后的28天内,将进度应付款支付给承包人,如不按期支付的,发包人按项目专用条款数据表中约定的利率向承包人支付逾期付款违约金。违约金计算基数为发包人的全部未付款额,时间从应付而未付该款额之日算起(不计复利)。

7. 奖励

如承包人提出的合理化建议缩短了工期,发包人按工期提前的规定给予奖励。

承包人提出的合理化建议降低了合同价格或者提高了工程经济效益的,发包人按项目专用合同条款数据表中规定的金额给予奖励。

九、中期支付月报的编制

通过实例实操练习,掌握中期支付月报的编制。湖北1+8城市圈出口路某高速公路工程建设项目(模块2引例),第一合同段在2020年10月完成部分工程,根据合同标价工程量清单(表2-14)、月实际完成情况、进场材料等信息完成2020年本月计量支付申报工作,学生通过本教材配套"学习任务单2"完成实操练习。

单元3.4 公路工程进度款支付、交工结算及最终结清

一、工程进度款支付

1. 付款周期

付款周期同计量周期(一般按月)。

2. 工程进度付款申请单

承包人应在每个付款周期末,按监理人批准的格式和专用合同条款约定的份数,向监理人提交进度付款申请单,并附相应的支持性证明文件。除专用合同条款另有约定外,进度付款申请单应包括下列内容:

(1)截至本次付款周期末已实施工程的价款。

(2)增加和扣减的变更金额。

(3)增加和扣减的索赔金额。

(4)约定应支付的预付款和扣减的返还预付款。

(5)约定应扣减的质量保证金。

(6)根据合同应增加和扣减的其他金额。

3. 工程进度付款证书和支付时间

(1)监理人在收到承包人进度付款申请单及相应的支持性证明文件后的 14 天内完成核查,提出发包人到期应支付给承包人的金额及相应的支持性材料,经发包人审查同意后,由监理人向承包人出具经发包人签认的进度付款证书。监理人有权扣发承包人未能按照合同要求履行任何工作或义务的相应金额。如果该付款周期应结算的价款经扣留和扣回后的款额少于项目专用合同条款数据表中列明的进度付款证书的最低金额,则该付款周期监理人可不核证支付。上述款额将按付款周期结转,直至累计应支付的款额达到项目专用合同条款数据表中列明的进度付款证书的最低金额为止。

(2)发包人应在监理人收到进度付款申请单且承包人提交了合格的增值税专用发票后的 28 天内,将进度应付款支付给承包人。发包人不按期支付的,按项目专用合同条款数据表中约定的利率向承包人支付逾期付款违约金。违约金计算基数为发包人的全部未付款额,时间从应付而未付该款额之日算起(不计复利)。

(3)监理人出具进度付款证书,不应视为监理人已同意、批准或接受了承包人完成该部分工作。

(4)进度付款涉及政府投资资金的,按照国库集中支付等国家相关规定和专用合同条款的约定办理。

4. 工程进度付款的修正

在对以往历次已签发的进度付款证书进行汇总和复核中发现错漏或重复的,监理人有权予以修正,承包人也有权提出修正申请。经双方复核同意的修正,应在本次进度付款中支付或扣除。

二、交工结算

1. 交工付款申请单

承包人向监理人提交交工付款申请单(包括相关证明材料)的份数在项目专用合同条款数据表中有约定,期限为交工验收证书签发后 42 天内。监理人对交工付款申请单有异议的,有权要求承包人进行修正和提供补充资料。经监理人和承包人协商后,由承包人向监理人提交修正后的交工付款申请单。

2. 交工付款证书及支付时间

监理人在收到承包人提交的交工付款申请单后的 14 天内完成核查,提出发包人到期应支付给承包人的价款送发包人审核并抄送承包人。发包人应在收到后 14 天内审核完毕,由监理人向承包人出具经发包人签认的交工付款证书。监理人未在约定时间内完成核查,又未提出具体意见的,视为承包人提交的交工付款申请单已经获监理人核查同意;发包人未在约定时间内审核又未提出具体意见的,监理人提出发包人到期应支付给承包人的价款视为已经获发包人同意。

发包人应在监理人出具交工付款证书且承包人提交了合格的增值税专用发票后的 14 天内,将应支付款支付给承包人。发包人不按期支付的,将按专用合同条款的约定,支付逾期付款违约金给承包人。

承包人对发包人签认的交工付款证书有异议的,发包人可出具交工付款申请单中承包人已同意部分的临时付款证书。存在争议的部分,按照招标文件通用条款中约定的争议解决方式办理。

交工付款涉及政府投资资金的,按照国库集中支付等国家相关规定和专用合同条款的约定办理。

三、最终结清

1. 最终结清申请单

承包人向监理人提交最终结清申请单(包括相关证明材料)的份数在项目专用合同条款数据表中有约定。期限为缺陷责任期终止证书签发后 28 天内。最终结清申请单中的总金额应认为是根据合同规定应付给承包人的全部款项的最后结算。

发包人对最终结清申请单内容有异议的,有权要求承包人进行修正和提供补充资料,由承包人向监理人提交修正后的最终结清申请单。

2. 最终结清证书和支付时间

监理人应在收到承包人提交的最终结清申请单后的 14 天内,提出发包人应支付给承包人的价款,送发包人审核并抄送承包人。发包人应在收到后 14 天内审核完毕,由监理人向承包人出具经发包人签认的最终结清证书。监理人未在约定时间内核查,又未提出具体意见的,视为承包人提交的最终结清申请已经获监理人核查同意;发包人未在约定时间内审核又未提出具体意见的,监理人提出应支付给承包人的价款视为已经获发包人同意。

发包人应在监理人出具最终结清证书且承包人提交了合格的增值税专用发票后的 14 天内,将应支付款支付给承包人。发包人不按期支付的,按专用合同条款的约定,支付逾期付款违约金给承包人。

承包人对发包人签认的最终结清证书有异议的,按照招标文件通用条款中约定的争议的解决方式办理。

最终结清付款涉及政府投资资金的,按照国库集中支付等国家相关规定和专用合同条款的约定办理。

3. 最终结清资料

最终结清申请单中的总金额是根据合同规定应付给承包人的全部款项的最后结算,包括了合同清单内、合同内附清单外及合同外的变更、索赔、奖惩、价差等全部费用。

最终结清资料依据为施工合同和施工图设计和国家颁布的规章制度,内容包括清单内、清单外合同内的变更、材料价差调整、索赔等一系列的全部内容。湖北 1+8 城市圈出口路某高速公路工程建设项目(模块 2 引例)建安费部分某合同段的结清资料目录如表 3-7 所示。

××建设项目第×施工合同段结清资料目录　　　　　　　　　表3-7

序号	文件名称
1	第×合同段结清编制说明
2	结算金额汇总表(01表)
3	第100章至第700章已确认实体工程量结算表(02表)
4	第100章至第700章工程结算明细表（03表）
5	第100章至第700章各分项工程结算台账
6	已批复变更统计台账
7	已批复变更令及变更申请
8	奖励及罚款统计汇总表
9	奖励及罚款相关证明材料表
10	材料调差汇总表及计算明细表
11	索赔项目汇总表及费用计算表(附相关索赔依据、证据、记录)
12	其他

四、合同解除后的估价、付款和结清

如在合同执行过程中由于各种因素的影响，导致合同解除，将根据解除合同原因处理合同解除后的估价、付款和结清。

1. 因承包人违约解除合同

监理人发出整改通知28天后，承包人仍不纠正违约行为的，发包人可向承包人发出解除合同通知。

（1）合同解除后，监理人商定或确定承包人实际完成工作的价值，以及承包人已提供的材料、施工设备、工程设备和临时工程等的价值。

（2）合同解除后，发包人应暂停对承包人的一切付款，查清各项付款和已扣款金额，包括承包人应支付的违约金。

（3）合同解除后，发包人应按约定向承包人索赔由于解除合同给发包人造成的损失。

（4）合同双方确认上述往来款项后，出具最终结清付款证书，结清全部合同款项。

（5）发包人和承包人未能就解除合同后的结清达成一致而形成争议的，按约定办理。

2. 因发包人违约解除合同

因发包人违约解除合同的，发包人应在解除合同后28天内向承包人支付下列金额，承包人应在此期限内及时向发包人提交要求支付下列金额的有关资料和凭证：

（1）合同解除日以前所完成工作的价款。

（2）承包人为该工程施工订购并已付款的材料、工程设备和其他物品的金额。发包人付款后，该材料、工程设备和其他物品归发包人所有。

（3）承包人为完成工程所发生的，而发包人未支付的金额。

（4）承包人撤离施工场地及遣散承包人人员的金额。

(5)由于解除合同应赔偿的承包人损失。

(6)按合同约定在合同解除日前应支付给承包人的其他金额。

发包人应按本项约定支付上述金额并退还质量保证金和履约担保,但有权要求承包人支付应偿还给发包人的各项金额。

3.因不可抗力解除合同

合同一方当事人因不可抗力不能履行合同的,应当及时通知对方解除合同。公路工程不可抗力是指承包人和发包人在订立合同时不可预见,在工程施工过程中不可避免发生且不能克服的自然灾害和社会性突发事件。包括但不限于:

(1)地震、海啸、火山爆发、泥石流、暴雨(雪)台风、龙卷风、水灾等自然灾害。

(2)战争、骚乱、暴动,但纯属承包人或其分包人派遣与雇用的人员由于本合同工程施工原因引起者除外。

(3)核反应、辐射或放射性污染。

(4)空中飞行物体坠落或非发包人或承包人责任造成的爆炸、火灾。

(5)瘟疫。

(6)项目专用合同条款约定的其他情形。

合同解除后,承包人应按照约定撤离施工场地。已经订货的材料、设备由订货方负责退货或解除订货合同,不能退还的货款和因退货、解除订货合同发生的费用,由发包人承担,因未及时退货造成的损失由责任方承担。合同解除后的付款,参照约定,由监理人商定或确定,但由于解除合同应赔偿的承包人损失不予考虑。

合同双方确认上述往来款项后,出具最终结清付款证书,结清全部合同款项。发包人和承包人未能就解除合同后的结清达成一致而形成争议的,按招标文件合同相关条款中争议的解决约定办理。

单元3.5 公路工程变更、索赔及价格调整

除了单元3.3所述常规的清单支付和合同支付外,由于公路建设项目建设周期长、涉及面广,在建设过程中可能出现变更、索赔或价格调整等一系列的问题。

一、工程变更费用的确定及支付

工程变更费用是指在公路工程实施过程中,由于工程设计、合同约定发生变化等因素导致增加或减少的费用。变更工程应有监理人签发的书面变更令。变更工程的单价按变更工程单价确定原则来处理。完成的变更工程数量应有监理人签认的变更工程计量证书。

1.变更的范围和内容

(1)取消合同中任何一项工作,但被取消的工作不能转由发包人或其他人实施,由于承包

人违约造成的情况除外;

(2)改变合同中任何一项工作的质量或其他特性;

(3)改变合同工程的基线、高程、位置或尺寸;

(4)改变合同中任何一项工作的施工时间或改变已批准的施工工艺或施工顺序;

(5)为完成工程需要追加的额外工作。

2. 变更权

在履行合同过程中,经发包人同意,监理人可按约定的变更程序向承包人作出变更指示,承包人应遵照执行。没有监理人的变更指示,承包人不得擅自变更。

3. 变更程序

(1)变更的提出。

①在合同履行过程中,可能发生变更约定情形的,监理人可向承包人发出变更意向书。变更意向书应说明变更的具体内容和发包人对变更的时间要求,并附必要的图纸和相关资料。变更意向书应要求承包人提交包括拟实施变更工作的计划、措施和竣工时间等内容的实施方案。发包人如同意承包人根据变更意向书要求提交的变更实施方案,由监理人按约定发出变更指示。

②在合同履行过程中,发生约定变更情形的,监理人应按照约定向承包人发出变更指示。

③承包人收到监理人按合同约定发出的图纸和文件,经检查认为其中存在变更约定情形的,可向监理人提出书面变更建议。变更建议应阐明要求变更的依据,并附必要的图纸和说明。监理人收到承包人书面建议后,应与发包人共同研究,确认存在变更的,应在收到承包人书面建议后的14天内作出变更指示。经研究后不同意作为变更的,应由监理人书面答复承包人。

④若承包人收到监理人的变更意向书后认为难以实施此项变更,应立即通知监理人,说明原因并附详细依据。监理人与承包人和发包人协商后确定撤销、改变或不改变原变更意向书。

(2)变更估价。

①除专用合同条款对期限另有约定外,承包人应在收到变更指示或变更意向书后的14天内,向监理人提交变更报价书,报价内容应根据约定的估价原则;详细开列变更工作的价格组成及其依据,并附必要的施工方法说明和有关图纸。

②变更工作影响工期的,承包人应提出调整工期的具体细节。监理人认为有必要时,可要求承包人提交要求提前或延长工期的施工进度计划及相应施工措施等详细资料。

③除专用合同条款对期限另有约定外,监理人收到承包人变更报价书后的14天内,根据约定的估价原则,商定或确定变更价格。

(3)变更指示。

①变更指示只能由监理人发出。

②变更指示应说明变更目的、范围、变更内容及变更的工程量及其进度和技术要求,并附有关图纸和文件。承包人收到变更指示后,应按变更指示进行变更工作。

(4)设计变更程序应执行《公路工程设计变更管理办法》的相关规定。

4. 变更的估价原则

除项目专用合同条款另有约定外,因变更引起的价格调整按照下述约定处理。

(1)如果取消某项工作,则该项工作的总额价不予支付。

(2)已标价工程量清单中有适用于变更工作的子目,采用该子目的单价。

(3)已标价工程量清单中无适用于变更工作的子目,但有类似子目,可在合理范围内参照类似子目的单价,由监理人商定或确定变更工作的单价。

(4)已标价工程量清单中无适用或类似子目的单价,可在综合考虑承包人在投标时所提供的单价分析表的基础上,由监理人商定或确定变更工作的单价。

(5)如果本工程的变更指示是因承包人过错、承包人违反合同或承包人责任造成的,则这种违约引起的任何额外费用应由承包人承担。

变更完成变更意向、申报变更申请单,下达变更令,监理工程师根据变更确定的单价和实际完成数量,费用在进度支付中申报支付。

二、索赔

1. 承包人索赔的提出

根据合同约定,承包人认为有权得到追加付款和(或)延长工期的,应按以下程序向发包人提出索赔:

(1)承包人应在知道或应当知道索赔事件发生后28天内,向监理人递交索赔意向通知书,并说明发生索赔事件的事由。承包人未在前述28天内发出索赔意向通知书的,丧失要求追加付款和(或)延长工期的权利。

(2)承包人应在发出索赔意向通知书后28天内,向监理人正式递交索赔通知书。索赔通知书应详细说明索赔理由及要求追加的付款金额和(或)延长的工期,并附必要的记录和证明材料。

(3)索赔事件具有连续影响的,承包人应按合理时间间隔继续递交延续索赔通知,说明连续影响的实际情况和记录,列出累计的追加付款金额和(或)工期延长天数。

(4)在索赔事件影响结束后的28天内,承包人应向监理人递交最终索赔通知书,说明最终要求索赔的追加付款金额或延长的工期,并附必要的记录和证明材料。

2. 承包人索赔处理程序

监理人收到承包人提交的索赔通知书后,应及时审查索赔通知书的内容,查验承包人的记录和证明材料,必要时监理人可要求承包人提交全部原始记录副本。

监理人应商定或确定追加的付款和(或)延长的工期,并在收到上述索赔通知书或有关索赔的进一步证明材料后的42天内,将索赔处理结果报发包人批准后答复承包人。如果承包人提出的索赔要求未能遵守招标文件合同条款相关规定,则承包人只限于索赔由监理人按当时记录予以核实的那部分款额和(或)工期延长天数。

承包人接受索赔处理结果的,发包人应在作出索赔处理结果答复后28天内完成赔付。承包人不接受索赔处理结果的,按约定办理。

3. 承包人提出索赔的期限

承包人按约定接受了竣工付款证书后,应被认为已无权再提出在合同工程接收证书颁发前所发生的任何索赔。

承包人按约定提交的最终结清申请单中,只限于提出工程接收证书颁发后发生的索赔。提出索赔的期限自接受最终结清证书时终止。

4. 发包人的索赔

发生索赔事件后,监理人应及时书面通知承包人,详细说明发包人有权得到的索赔金额和(或)延长缺陷责任期的细节和依据。发包人提出索赔的期限和要求与招标文件合同条款相关约定相同,延长缺陷责任期的通知应在缺陷责任期届满前发出。

监理人商定或确定发包人从承包人处得到赔付的金额和(或)缺陷责任期的延长期。承包人应付给发包人的金额可从拟支付给承包人的合同价款中扣除,或由承包人以其他方式支付给发包人。

三、价格调整

1. 物价波动引起的价格调整

除项目专用合同条款另有约定外,因物价波动引起的价格调整应按项目专用合同条款数据表的规定,按照招标文件合同条款中约定的原则处理;若按约定采用价格调整公式进行调价,每半年或一年按价格调整公式进行一次调整;对于工程规模不大、工期较短的工程(例如工期不超过 12 个月的),可以不进行调价;或者在合同执行期间(包括工期拖延期间),由于人工、材料和设备价格的上涨而引起工程施工成本增加的风险由承包人自行承担,合同价格不会因此而调整。

(1)采用价格指数调整价格差额。

①价格调整公式。

因人工、材料和设备等价格波动影响合同价格时,根据投标函附录中的价格指数和权重表约定的数据,按以下公式计算差额并调整合同价格。

$$\Delta P = P_0 \left[A + \left(B_1 \times \frac{F_{t1}}{F_{01}} + B_2 \times \frac{F_{t2}}{F_{02}} + B_3 \times \frac{F_{t3}}{F_{03}} + \cdots + B_n \times \frac{F_{tn}}{F_{0n}} \right) - 1 \right]$$

式中: ΔP——需调整的价格差额;

P_0——招标文件合同条款约定的进度付款证书中承包人应得到的已完成工程量的金额,此项金额应不包括价格调整,不计质量保证金的扣留和支付、预付款的支付和扣回,招标文件合同条款约定的变更及其他金额已按现行价格计价的,也不计在内;

A——定值权重(即不调部分的权重),$A = 1 - (B_1 + B_2 + B_3 + \cdots + B_n)$;

$B_1、B_2、B_3、\cdots、B_n$——各可调因子的变值权重(即可调部分的权重),其为各可调因子在投标函投标总报价中所占的比例;

$F_{t1}、F_{t2}、F_{t3}、\cdots、F_{tn}$——各可调因子的现行价格指数,指招标文件合同条款约定的进度付款证书相关周期末前推 42 天的各可调因子的价格指数;

F_{01}、F_{02}、F_{03}、…、F_{0n}——各可调因子的基本价格指数,指基准日期各可调因子的价格指数。

在采用价格调整公式进行调价时,还应遵守以下规定:

a. 以上价格调整公式中的各可调因子、定值权重,以及基本价格指数及其来源由发包人在投标函附录价格指数和权重表中约定。价格指数应首先采用国家或省、自治区、直辖市价格部门或统计部门提供的价格指数,缺乏上述价格指数时,可采用上述部门提供的价格代替。

b. 价格调整公式中的变值权重,由发包人根据项目实际情况测算确定范围,并在投标函附录价格指数和权重表中约定范围;投标时承包人在此范围内填写各可调因子的权重,合同实施期间将按此权重进行调价。

②暂时确定调整差额。

在计算调整差额时得不到现行价格指数的,可暂用上一次价格指数计算,并在以后的付款中再按实际价格指数进行调整。

③权重的调整。

按约定的变更导致原定合同中的权重不合理时,由监理人、承包人和发包人协商后进行调整。

④承包人工期延误后的价格调整。

由于承包人原因未在约定的工期内竣工的,则对原约定竣工日期后继续施工的工程,在使用价格调整公式时,应采用原约定竣工日期与实际竣工日期的两个价格指数中较低的一个作为现行价格指数。

(2)采用造价信息调整价格差额。

施工期内,因人工、材料、设备和机械台班价格波动影响合同价格时,人工、机械使用费按照国家或省、自治区、直辖市建设行政管理部门、行业建设管理部门或其授权的工程造价管理机构发布的人工成本信息、机械台班单价或机械使用费系数进行调整;需要进行价格调整的材料,其单价和采购数应由监理人复核,监理人确认需调整的材料单价及数量,作为调整工程合同价格差额的依据。

2. 法律变化引起的价格调整

在基准日后,因法律变化导致承包人在合同履行中所需要的工程费用发生除招标文件合同条款相关约定以外的增减时,监理人应根据法律,国家或省、自治区、直辖市有关部门的规定商定或确定需调整的合同价款。

二维码 3-2
通用合同条款

二维码 3-3
公路工程专用合同条款

关于变更、索赔、价格调整,依据《招标文件》第四章第一节中的通用合同条款(见二维码3-2)和《招标文件》中第四章第二节公路工程专用合同条款(见二维码3-3),以及各建设项目的招标文件项目专用本对应的条款执行。

单元3.6 公路工程竣工决算

一、竣工决算的概念

公路工程竣工决算是指公路工程经审定的从筹建到竣工验收、交付使用全过程中实际支出的全部工程建设费用。公路工程竣工决算是整个公路工程的最终造价,是作为建设单位财务部门汇总固定资产的主要依据。

公路工程竣工决算报告是在公路、桥梁等建设项目完工后,由建设单位把工程结算及其他有关工程资料按一定的格式和要求进行编制的,它全面反映了竣工项目从筹建到交付使用全过程中各项资金的使用情况和设计概算执行的结果,是公路建设成果和财务情况的总结性文件。项目建设期间建设单位要有专人负责相关资料的收集、整理、分析和保管工作;项目建成后,要组织工程技术、计划、财务、物资、统计等有关部门的人员共同编制项目竣工决算报告。设计、施工、监理等单位积极配合建设单位做好竣工决算报告的编制工作。没有编制竣工决算报告的项目不得进行竣工验收。

二、竣工决算的作用

竣工决算的作用主要有以下几个方面:
(1)竣工决算是检查基本建设投资计划和设计概算执行情况、考核投资效果的依据。
(2)竣工决算是建设单位核定竣工项目财产价值、办理交付使用手续的依据。
(3)竣工决算是全面反映建设项目财务状况、总结提高财务管理水平的重要资料。
(4)竣工决算界定了项目经营的基础,为项目进行后评估提供依据。
(5)竣工决算作为重要的技术经济文件,是工程造价积累的基础资料之一。

三、竣工决算的编制依据

(1)经批准的可行性研究报告、初步设计、概算或调整概算、变更设计及开工报告等文件。
(2)历年的年度基本建设投资计划。
(3)经审核批复的历年年度基本建设财务决算。
(4)编制的施工图预算,承包合同、工程结算等有关资料。
(5)历年有关财产物资、统计、财务会计核算、劳动工资、审计及环境保护等有关资料。
(6)工程质量鉴定、检验等有关文件,工程监理有关资料。
(7)施工企业交工报告等有关技术经济资料。
(8)有关建设项目附属产品,简易投产、试运营(生产)重载负荷汽车等产生基本建设收入的财务资料。

(9)有关征地拆迁资料(协议)和土地使用权确权证明。
(10)其他有关的重要文件。

四、竣工决算报告的内容

公路工程竣工决算报告应全面、准确、清晰地反映公路工程项目自筹建至竣工发生的全部费用。工程竣工决算报告应包括项目地理位置图、编制说明、基本表格和辅助表格。基本表格由《公路工程建设项目造价文件管理导则》(JTG 3810—2017)规定;编制说明和辅助表格宜由相应阶段的造价依据、编制办法予以规定;辅助表格按规则统一编号,明确表式和主要内容。

《公路工程建设项目造价文件管理导则》(JTG 3810—2017)第七部分公路工程竣交工阶段造价文件部分及竣1表~竣5表,具体内容可扫描二维码3-4浏览。

二维码3-4
公路工程竣(交)
工阶段造价文件
及竣1表~竣5表

竣工决算报告由以下4部分组成:
(1)竣工决算报告的封面、目录;
(2)竣工工程平面示意图;
(3)竣工决算编制说明;
(4)竣工决算表格,见《公路工程建设项目造价文件管理导则》(JTG 3810—2017)附录。分为:①工程概况表(竣1表);②财务决算表(竣2表);③资金来源情况表(竣3表);④工程竣工决算汇总表(竣4表);⑤全过程造价对比表(竣5表)。

公路工程竣工决算报告的项目地理位置图应能清晰展示公路工程所处的地理位置主要城镇、工矿区、显著地标等概略位置,以及与沿线交通网络中其他道路的关系。其编制说明应包括公路工程建设项目概况、造价管理与控制情况、造价管理体会及其他需要说明的事项等。其表格应符合下列规定:全面、准确、清晰地反映项目的主要工程概况、建设资金来源与使用、实际总投资,以及自决策至竣工阶段的工程造价变化情况;全过程造价对比表的内容应能实现项目决策至竣工各阶段要素费用项目对比,并与实施阶段的造价台账汇总表的内容相对应;在基本表格基础上,补充各项费用基础数据计算等辅助表格,实现数据可追溯,确保造价文件完整。

五、竣工决算的编制步骤

竣工决算的编制一般应在已编制好工程竣工图表文件,并经竣工验收达到合格以上时才能进行。其编制步骤如下:

(1)认真熟悉竣工图表资料,凡作为工程结算的各种工程量,都应进行必要的核对,以保证各种工程量的计算方法符合合同文件规定,竣工图表资料符合国家有关规定。
(2)审查施工过程中各种变更、索赔处理有无不符合规定之处,签证手续是否齐全,做到有据可依。
(3)清理各项账务、债务和结余物资。
(4)审查竣工结算是否与竣工图表资料及合同文件相符。
(5)统计汇总设计和实际完成的主要工程量。
(6)摘取各种实物量、财务数据等资料,填写竣工决算表格,编制竣工工程平面图和竣工决算说明书。

模块 4

公路工程工程量清单计量规则

● 学习目标	1. 掌握工程量清单计量的一般规定，熟悉各项目的计量单位； 2. 熟悉计量清单中总则的内容，能根据项目专业合同条款，计量承包人驻地建设（含工地试验室、预制场及拌和场及堆放场地标准化建设）； 3. 熟悉计量清单中路基工程量计量规则，重点掌握路基土石方、边沟、浆砌骨架护坡、混凝土预制件骨架护坡、挡土墙工程量计量方法； 4. 熟悉计量清单中路面工程量计量规则，重点掌握路面底基层、路面基层、工程量、路面面层计量方法； 5. 熟悉计量清单中桥涵工程量计量规则，重点掌握桥梁桩基、桥梁盖梁、箱涵工程量计量方法； 6. 熟悉计量清单中隧道工程量计量规则，重点掌握隧道锚杆洞身支护、隧道洞身开挖土石方工程量计量方法； 7. 熟悉计量清单中安全设施及预埋管线工程量计量规则，重点掌握钢管预应力索防撞活动护栏工程量计量方法； 8. 熟悉计量清单中绿化及环境保护设施工程量计量规则，重点掌握其计量注意事项。
● 素质目标	1. 培养学生独立思考，规范严谨，一丝不苟的专业精神； 2. 增强学生责任心和认真负责的工作态度； 3. 培养团队合作能力、创新能力、交流沟通能力； 4. 引导学生在未来的职业生涯中，敢于迎接挑战，面对困难迎难而上。

单元 4.1　工程量清单计量的一般规定

工程量是以物理计量单位或自然计量单位所表示的建筑安装工程各个分项工程或结构件的数量。工程量计算规则是对清单项目工程量的计算规定。工程计量应由承包人提出，并由承包人计算，经监理人审查后报业主审核、签认，并附有合同规定的必要的试验、检测资料等附件。工程量计算是承包人按合同提供的材料数量和完成的工程量所采用的测量与计量办法，根据招标文件规定，然后计算出工程量结果的过程，并经监理人、业主批准和认可。

一、一般规定

1. 相关要求

(1) 计量单位采用基本单位，除有特殊规定外，均按以下单位计量：

以体积计量的项目——m^3；

以面积计量的项目——m^2；

以质量计量的项目——t, kg；

以长度计量的项目——m；

以体积计量的项目——m³;
以自然体计量的项目——个、棵、根、台、套、块等;
没有具体数量的项目——总额。

(2)计量与支付应与合同条款、工程量清单及图纸同时阅读,工程量清单中的支付项目号和招标文件的章节编号是一致的。

(3)合同提供的材料数量和完成的工程数量采用的测量与计算方法,应经监理人批准或指示。承包人应提供一切计量设备和条件,并保证其设备精度符合要求。任何工程项目的计量,均应按招标文件规定或监理人书面指示进行。

(4)除非监理人另有准许,一切计量工作都应在监理人在场情况下,承包人测量、记录。有承包人签名的计量记录原本,应提交给监理人审查和保存。

(5)计量工作只对达到质量要求("合格品")的合同清单内的工程项目及经业主、监理人签认,手续完善的变更设计项目进行计量,对超出合同工程量清单而未办理有关变更手续的项目将不予计量。计量不解除承包人应尽的任何合同义务。尽管要求计量的对象是"合格品",但如事后发现已计量工程存在质量缺陷,仍不免除承包人无偿返工的责任。

(6)除另有说明外,清单项目工程量均按设计图示以工程实体的净值计算;材料及半成品采备和损耗、场内二次转运、常规的检测等均应包括在相应工程项目中,不另行计量。

(7)合同特殊约定单独计量之外,全部必需的模板、脚手架、装备、机具、螺栓、垫圈和钢制件等其他材料,应包括在工程量清单中所列的有关支付项目中,均不单独计量。

(8)除监理人另有批准外,凡超过图纸所示的面积或体积,都不予计量与支付。

(9)施工现场交通组织、维护费用,应综合考虑在各项目内,不另行计量。

(10)承包人应严格标准计量基础工作和材料采购检验工作。沥青混凝土、沥青碎石、水泥混凝土、高强度等级水泥砂浆的施工现场必须使用电子计量设备称重。因不符合计量规定引发质量问题,所发生的费用由承包人承担。

(11)承包人驻地建设与施工标准化,属选择性工程子目,由发包人根据工程项目管理实际情况选择使用或同时使用。

(12)一个项目工程或一道工序必须具备如下资料和验收手续后,才能计量。
①监理人批准的开工申请;
②承包人自检的各种资料和试验数据;
③监理人抽检的试验数据;
④监理人检查结果满足设计图纸及规范要求。

2. 质量

(1)凡以质量计量或以质量作为配合比设计的材料,都应在精确与批准的磅秤上,由称职合格的人员在监理人指定或批准的地点进行称重。

(2)称重计量时应满足以下条件:监理人在场;进行称重记录;载有包装材料、支撑装置、垫块、捆束物等质量的说明书在称重前提交给监理人作为依据。

(3)钢筋、钢板或型钢计量时,应按图纸或其他资料标示的尺寸和净长计算。搭接、接头套筒、焊接材料、下脚料和固定、定位架立钢筋等,则不予另行计量。钢筋、钢板或型钢应以千克计量,四舍五入,不计小数。钢筋、钢板或型钢由于理论单位质量与实际单位质量的差异而引起材料质量与数量不相匹配的情况,计量时不予考虑。

(4)金属材料的质量不得包括施工需要加放或使用的灰浆、楔块、填缝料、垫衬物、油料、接缝料、焊条、涂敷料等质量。

(5)承运按质量计量的材料的货车,应每天在监理人指定的时间和地点称出空车质量,每辆货车还应标示清晰易辨的标记。

(6)对有规定标准的项目,例如钢筋、金属线、钢板、型钢、管材等,均有规定的规格、质量、截面尺寸等指标,这类指标应视为通常的质量或尺寸;除非引用规范中的允许偏差值加以控制,否则可用制造商的允许偏差。

3. 面积

除非另有规定,计算面积时,其长、宽应按图纸所示尺寸线或按监理人指示计量。对于面积在 $1m^2$ 以下的固定物(如检查井等)不予扣除。

4. 结构物

(1)结构物应按图纸所示净尺寸线,或根据监理人指示修改的尺寸线计量。

(2)水泥混凝土的计量应按监理人认可的并已完工合格工程的净尺寸计算,钢筋的体积不扣除,倒角不超过 $0.15m \times 0.15m$ 时不扣除,体积不超过 $0.03m^3$ 的开孔及开口不扣除,面积不超过 $0.15m \times 0.15m$ 的填角部分也不增加。

(3)所有以米(m)为单位计量的结构物(如管涵等),除非图纸另有表示,应按平行于该结构物位置的基面或基础的中心方向计量。

5. 土方

(1)土方体积可采用平均断面积法计算,但与似棱体公式(prismoidal formula)计算结果比较,如果误差超过 $\pm 5\%$ 时,监理人可指示采用似棱体公式。

(2)各种不同类别的挖方与填方计量,应以图纸所示界线为限,而且应在批准的横断面图上标明。

(3)用于填方的土方量,应按压实后的纵断面高程和路床面为准来计量。承包人报价时,应考虑在挖方或运输过程中引起的体积差。

(4)在现场钉桩后56天内,承包人应将设计和进场复测的土方横断面图连同土方的面积与体积计算表一并提交监理人批准。所有横断面图都应标有图题框,其大小由监理人指定。一旦横断面图得到最后批准,承包人应交给监理人原版图及三份复制图。

6. 运输车辆体积

(1)运输车辆体积用体积计量的材料,应以经监理人批准的车辆装运,并在运到地点进行计量。

(2)用于体积运输的车辆,其车厢的形状和尺寸应使其容量能够容易而准确地测定并保证精确度。每辆车都应有明显标记。每车所运材料的体积应于事前由监理人与承包人相互达成书面协议。

(3)所有车辆都应装载成水平容积高度,车辆到达送货点时,监理人可以要求将其装载物重新整平,对超过定量运送的材料将不支付。运量达不到定量的车辆,应被拒绝或按监理人确定减少的体积接收。根据监理人的指示,承包人应在货物交付点,随机将一车材料刮平,在刮平后如发现货车运送的材料少于定量时,从前一车起所有运到的材料的计量都按同样比率减为目前的车载量。

7. 质量与体积换算

(1)如承包人提出要求并得到监理人的书面批准,已规定也要用立方米计量的材料可以称重,并将此质量换算为立方米计量。

(2)将质量计量换算为体积计量的换算系数应由监理人确定,并应在此种计量方法使用之前征得承包人的同意。

8. 沥青和水泥

(1)沥青和水泥应以千克(kg)计量。

(2)用货车或其他运输工具装运沥青材料,可以按经过检定的质量或体积计算沥青材料的数量,但要对漏失量或泡沫进行校正。

(3)水泥可以以袋作为计量的依据,但一袋水泥的标准应为50kg,散装水泥应称重计量。

9. 成套的结果单位

如规定的计量单位是一成套的结构物或结构单元(实际上就是按"总额"或称"一次支付"计的工程子目),该单元应包括了所有必需的设备、配件和附属物及相关作业。

10. 标准制品项目

(1)如规定采用标准制品(如护栏、钢丝、钢板、乳制型材、管子等),而这类项目又是以标准规格(单位重、截面尺寸等)标识的,则这种标识可以作为计量的标准。

(2)除非所采用标准制品的允许误差比规范的允许误差要求更严格,否则,生产厂确立的制造允许误差不予认可。

二、实例

湖北1+8城市圈出口路某高速公路工程建设项目(模块2引例),已知清理与掘除以面积计量,挖土方以体积计量,桩基钢筋以质量计量,桩基的桩长以长度计量,完成前面四个项目的计量单位是什么?

(本实例解析可扫描二维码4-1查看)

二维码4-1
实例解析1

单元4.2 工程量清单中总则计量规则

一、总则工程量计算规则

1. 通则

(1)承包人按照合同条款约定的保险费率及保险计算方法办理建筑工程一切险、第三者责任险,根据保险公司的保单金额以总额为单位计量,计量方式以专用合同条款为准。

(2)保险期为合同约定的施工期及缺陷责任期。

(3)承包人施工机械设备保险和雇用人员工伤事故保险费、人身意外伤害保险费由承包人承担。

2. 工程管理

竣工文件、施工环保费、安全生产费、信息化系统,都以总额为单位计量。

3. 临时工程与设施

(1)道路、占地、供电设施、电信设施及供水与排污设施的修建、维修及拆除等临时工程,根据施工过程中已完成的经监理人现场验收合格分别以总额计量,计量方式以专用合同条款为准。

(2)为完成本工程所需的其他临时工程与设施,包括临时排水、临时桥梁、临时码头、支挡和防护设施、安全保卫设施、防尘、防噪和防污设施和其他临时性的工程均作为本节的附属工程不另行计量。

(3)为完成上述各项设施所需的一切材料、机械设备、人员及与此有关的一切作业均不另行计量。

4. 承包人驻地建设

承包人驻地的建设、管理与维护,交工时按合同或协议要求将驻地移走、清除、恢复原貌,以总额为单位计量,计量方式以专用合同条款为准。

5. 施工标准化

施工驻地、工地试验室、拌和站、钢筋加工厂、预制场、仓储存放地、各场(厂)区与作业区连接道路及施工主便道均以总额为单位计量,计量方式以专用合同条款为准。

二、总则工程量计算注意事项

(1)通则中保险费的2个项目:101-1-a 按合同规定,提供建筑工程一切险;101-1-b 按合同规定,提供第三者责任险。其他一切险种费用包含在此两项中,不再单独计量。

(2)工程管理中安全生产费一般按投标价的1.5%计算,若招标人公布了最高投标限价时,按最高投标限价的1.5%计算。

(3)临时工程与设施中取、弃土(渣)场临时占地的绿化、结构防护及排水在相应章节计量。

三、实例

二维码4-2
实例解析2

湖北1+8城市圈出口路某高速公路工程建设项目(模块2引例)第一合同段由甲施工单位中标,中标工程量清单第100章至第700章的合计金额(除保险费和安全生产费之外)是43992227元,承包人驻地建设(含工地试验室、预制场及拌和场及堆放场地标准化建设)为8000000.00元,驻地建设完成后,经监理人现场核实进行第一期计量,计量的金额是多少?

(本实例解析可扫描二维码4-2查看)

单元4.3　工程清单中路基计量规则

一、路基工程量计算规则

1. 场地清理

(1) 施工场地清理和掘除的计量应依据图纸所示位置及范围,按路基开挖线或填筑边线之间的水平投影面积以平方米(m^2)为单位计量。借土场的场地清理、掘除、拆除(包括临时工程)均应列入土方单价之内,不另行计量。

(2) 施工场地清理和掘除使地面高程降低,而引起的土石方多填(填方段)少挖(挖方段)作为挖方路基和填方路基的附属工程,不另计量。

(3) 所有场地清理、拆除与挖掘工作的一切挖方、回填、压实,以及适用材料的移运、堆放和废料的移运处理等作业均不另行计量。

(4) 砍伐树木及挖除树根的计量仅计路基范围内胸径(即离地面1.3m高处的直径)大于或等于10cm的树木,以棵计量。

(5) 挖除旧路面应按各种不同结构类型的路面,根据图纸所示位置分别以平方米(m^2)为单位计量;拆除原有公路结构物应分别按结构物的类型,根据图纸以监理人现场指示的范围和量测方法量测,以立方米(m^3)为单位计量。

2. 挖方路基

(1) 路基土石方开挖(包括路堑、边沟、排水沟、截水沟),除淤泥及路床面以下非适用材料开挖外,均按图纸所示地面线、路基设计横断面图、路基土石比例,采用平均断面面积法计算,按开挖前的天然密实体积,以立方米(m^3)为单位计量。

(2) 挖除路基范围内非适用材料、淤泥的数量,按照现场核定的程序,应以承包人测量、监理工程师复核、业主审核批准的断面或实际范围为依据所计算的工程数量,以立方米(m^3)为单位计量。

(3) 挖淤泥、岩盐、冻土按图纸所示地面线、路基设计横断面图、路基土石比例,采用平均断面面积法计算,按开挖前的天然密实体积,以立方米(m^3)为单位计量。

(4) 路床顶面以下挖松30cm再压实,石方断面应辅以人工凿平或填平压实,此两项作为承包人应做的附属工作,均不予单独计量。

(5) 除非业主和监理工程师另有指示,凡超过图纸或监理工程师规定尺寸的开挖,均不予计量。各类边沟、排水沟、截水沟、渗沟的开挖已经包含在路基挖方中,不再单独计量与支付。

(6) 石方爆破安全措施、弃方的运输和堆放、质量检验、临时道路和临时排水的维修等均不另计量,作为承包人应做的附属工作。

(7) 改河、改渠、改路的开挖工程按合同图纸施工,计量方法按挖方路基进行。

(8) 取弃土场绿化、防护工程、排水设施在相应章节内计量。

3. 填方路基

(1)填筑路堤的土石方数量(除路基换填和结构物台背回填外),应按设计图纸所示地面线、路基设计横断面图、路基土石比例,采用平均断面面积法计算,按压实体积以立方米(m³)为单位计量。填料中石料含量小于30%时,按填土方数量计算;填料中石料含量大于30%,小于70%时,按土石混填方量计算;填料中石料含量大于70%时,按填石方量计算。填前压实、地面下沉增加的填方量按填料来源参照填筑路堤的土石方数量计算方法执行。满足施工需要,预留路基宽度宽填的填方量作为路基填筑的附属工作,不另行计量。

(2)设计图中路基填筑未扣除结构物、台后背回填、其他另行计量的换填材料等占路基体积的数量,填方计量时应扣除该部分体积占路基填筑的数量,具体扣除办法在路基填筑完成后、工程结算前按照经业主和监理人核定的上述项目占路基的实际体积进行核减。

(3)改河、改渠、改路填筑的计量方法按填方路基进行。

4. 特殊地区路基处理

(1)软土地基处理。

①抛石挤淤。

依据图纸所示位置和范围,按照抛石体积的片石数量,以立方米(m³)为单位计量。

②爆炸挤淤。

依据图纸所示位置和范围,按照设计的爆炸挤淤的淤泥体积,以立方米(m³)为单位计量。

③垫层。

依据图纸所示位置和断面尺寸,按图示各种垫层压实体积,以立方米(m³)为单位计量。因换填而挖除的非适用材料计入203-1路基挖方相关子目计量。

④土工合成材料。

依据图纸所示位置和规格,按土层中分层铺设各种土工合成材料的累计净面积以平方米(m²)为单位计量。

接缝的重叠面积和边缘的包裹面积不予计量。

⑤预压和超载预压。

真空预压依据图纸所示的沿密封沟内缘线密封膜覆盖的路基面积以平方米(m²)为单位计量。真空联合堆载预压的土方在超载预压205-1-e-2中计量,砂垫层作为真空预压的附属工作不另行计量。

超载预压依据图纸所示预压范围(宽度、高度、长度)预压后体积以立方米(m³)为单位计量。

⑥袋装砂井。

依据图纸所示位置和断面尺寸,按不同直径及深(长)度分别以米(m)为单位计量,伸入垫层内的长度不予计量,砂及沙袋不单独计量。

⑦塑料排水板。

依据图纸所示位置和断面尺寸,按规格及深(长)度分别以米(m)为单位计量,伸入垫层内的长度不予计量。

⑧粒料桩。

依据图纸所示位置和断面尺寸,按图示不同桩径的粒料桩长度以米(m)为单位计量。

⑨加固土桩。
依据图纸所示位置和断面尺寸,按图示不同桩径的加固土桩长度以米(m)为单位计量。
⑩CFG 桩。
依据图纸所示位置和断面尺寸,按图示不同桩径的 CFG 桩长度以米(m)为单位计量。
⑪Y 形沉管灌注桩。
依据图纸所示位置和断面尺寸,按图示不同规格的 Y 形沉管灌注桩长度以米(m)为单位计量。
⑫薄壁筒型沉管灌注桩。
依据图纸所示位置和断面尺寸,按图示不同规格的薄壁筒型沉管灌注桩长度以米(m)为单位计量。
⑬静压管桩。
依据图纸所示位置和断面尺寸,按图示不同规格的静压管桩长度以米(m)为单位计量。
⑭强夯及强夯置换。
强夯依据图纸所示位置和处理面积,按图示路堤底面积以平方米(m^2)为单位计量。
强夯置换依据图纸所示位置,按图示置换的体积以立方米(m^3)为单位计量。

(2)红黏土及膨胀土路基处理按图纸规定的数量,以立方米(m^3)为单位计量,计量分为路堤填筑处理和路堑开挖处理两种。所有膨胀土的开挖和填筑已计入挖方和填方相关费用中。

(3)滑坡处理。
依据图纸所示位置,按照清除滑坡体土方与石方的天然体积以立方米(m^3)为单位计量。

(4)岩溶洞处理。
依据图纸所示位置和范围,按照图纸要求的回填材料压实体积以立方米(m^3)为单位计量。

(5)湿陷性黄土路基处理。
①陷穴处理依据图纸所示位置,按照灌砂或水泥砂浆的体积,以立方米(m^3)为单位计量。
②强夯及强夯置换,强夯依据图纸所示位置和处理面积,按照路堤底面积以平方米(m^2)为单位计量;强夯置换按置换的体积以立方米(m^3)为单位计量。
③石灰土改良,依据图纸按不同掺灰量的压实体积,以立方米(m^3)为单位计量。
④灰土桩,按图纸所示不同直径的灰土桩的长度以米(m)为单位计量。

(6)盐渍土路基处理。
①垫层,依据图纸按压实体积以立方米(m^3)为单位计量。
②土工合成材料,依据图纸所示位置和规格,按土层中分层铺设的土工合成材料的累计净面积以平方米(m^2)为单位计量,接缝的重叠面积和边缘的包裹面积不予计量。

(7)风积沙路基处理。
土工合成材料,依据图纸所示位置和规格,按土层中分层铺设的土工合成材料的累计净面积以平方米(m^2)为单位计量,接缝的重叠面积和边缘的包裹面积不予计量。

(8)冻土路基处理。
①隔热层,依据图纸所示位置和断面形状、尺寸,按黏土隔热层的面积,以平方米(m^2)为

②通风管,依据图纸所示位置和断面形状、尺寸,按设置的通风管长度以米(m)为单位计量。

③热棒,依据图纸所示位置和尺寸,按设置的热棒数量以根为单位计量。

5. 路基整修

所有工作内容均不做计量。

6. 坡面排水

(1)边沟、排水沟、截水沟、跌水与急流槽、涵洞上下游改沟、改渠铺砌、现浇混凝土坡面排水结构物、预制混凝土坡面排水结构物、蒸发池的圬工工程应以图纸所示和监理工程师的指示为依据,按实际完成并经验收的数量,按浆砌片石强度等级、预制混凝土强度等级、现浇混凝土强度等级以立方米(m^3)为单位计量。

(2)渗沟根据不同类型及规格,仰斜式排水孔中的钻孔、排水管、软式透水管根据孔径、材质,按照长度以米(m)为单位计量。

(3)蒸发池的挖土(石)方依据断面尺寸、土石比例,按开挖的天然密实体积以立方米(m^3)为单位计量。

7. 护坡、护面墙

(1)浆砌片石、混凝土护坡、护面墙等工程的计量,应以图纸所示和监理工程师的指示为依据,根据实际完成并经验收的数量,按不同的砂浆砌体和混凝土级别分别以立方米(m^3)为计量,含碎落台、护坡平台砂浆砌体、混凝土数量。护坡需扣除急流槽所占的体积,护面墙不扣除沉降缝、泄水孔、预埋件所占的体积。

(2)护坡垫层依据图纸按照不同材料类别的垫层体积以立方米(m^3)为单位计量。

(3)封面、锤面、坡面柔性防护,应以图纸所示和监理工程师的指示为依据,根据实际完成并经验收的数量,按照不同的厚度,以实际防护的面积数量以平方米(m^2)为单位计量,坡面柔性防护网片搭接部分作为附属工作,不另行计量。

8. 挡土墙

(1)垫层、砌体及混凝土基础、砌体及混凝土挡土墙工程应以图纸所示或监理工程师的指示为依据,根据实际完成并经验收的数量,按垫层不同材料、砌体强度等级及混凝土强度等级分别以立方米(m^3)为单位计量,挡土墙不扣除。

(2)混凝土挡土墙的钢筋,依据图纸所列钢筋质量以千克(kg)为单位计量,固定钢筋的材料、定位架立钢筋、钢筋接头、吊装钢筋、钢板、铁丝作为钢筋作业的附属工作,不另行计量。

9. 锚杆、锚定板挡土墙

(1)锚杆、锚定板挡土墙工程计量应以图纸所示和监理工程师的指示为依据,按实际完成并经验收的数量,混凝土挡板、立柱、肋柱、锚定板、墙身、桩基按强度等级以立方米(m^3)为单位计量,锚杆、拉杆、钢筋以千克(kg)为单位计量。

(2)混凝土方量不扣除沉降缝、泄水孔、预埋件所占体积,现浇桩基混凝土的护壁混凝土、固定钢筋的材料、定位架立钢筋、钢筋接头、吊装钢筋、钢板、铁丝不另行计量。

10. 加筋挡土墙

(1)加筋土挡土墙的预制安装混凝土墙面板、钢筋混凝土带、混凝土基础及混凝土帽石,依据图纸经监理工程师验收合格,以立方米(m^3)为单位计量。浆砌片石基础以立方米(m^3)为单位计量。

(2)所用的扁钢带、塑钢复合带、聚丙烯土工带、钢筋,按图纸及验收数量以千克(kg)为单位计量,钢筋混凝土带的钢筋、固定钢筋的材料、定位架立钢筋、钢筋接头、吊装钢筋、钢板、铁丝不另行计量。

(3)加筋土挡土墙的塑料土工格栅依据图纸,按土层中分层铺设的累计净面积以平方米(m^2)为单位计量,接缝的重叠面积和边缘的包裹面积不予计量。

(4)加筋土挡土墙的路堤填料按图纸的规定和要求,在填方路基有关项目里计量。

11. 喷射混凝土和喷浆边坡防护

(1)铁丝网、锚杆、钢筋网、击入钉、钢筋以图纸所示或监理工程师指示为依据,经验收合格的实际数量,以千克(kg)为单位计量。因搭接而增加的铁丝网、钢筋网不予计量,固定钢筋的材料、定位架立钢筋、钢筋接头、铁丝不予计量。

(2)喷射混凝土和喷射水泥砂浆边坡防护的计量,应以图纸所示、强度等级和监理工程师的指示为依据,按实际完成并经验收的数量,以不同厚度以平方米(m^2)为单位计量;土工格栅以平方米(m^2)为单位计量。接缝重叠面积和边缘包裹的面积不予计量。

(3)钻孔注浆钉依据图纸,按不同直径的土钉钻孔桩长度以米(m)为单位计量。网格梁、立柱、挡土板按照图纸位置及断面尺寸,按照混凝土体积以立方米(m^3)为单位计量。

12. 预应力锚索边坡加固

(1)预应力钢绞线、无黏结预应力钢绞线按图纸要求,经监理工程师验收合格,按照各类锚索锚固端底至锚具外侧的长度,以米(m)为单位计量。

(2)混凝土框格梁、混凝土锚固板按图纸要求,经监理工程师验收合格,按照不同强度等级混凝土浇筑体积以立方米(m^3)为单位计量。

(3)钢筋锚杆、预应力钢筋锚杆、钢筋依据图纸所示,以千克(kg)为单位计量。

13. 抗滑桩

(1)现浇混凝土桩、桩板式抗滑挡墙挡板依据图纸规定尺寸及位置,按现场实际完成并经验收合格的不同强度等级混凝土体积以立方米(m^3)为单位计量。抗滑桩护壁混凝土、护壁钢筋及声测管为附属工作,不另行计量。

(2)桩板式抗滑挡墙钢筋依据图纸所示以千克(kg)为单位计量,固定钢筋的材料、定位架立钢筋、钢筋接头、吊装钢筋、钢板、铁丝不另行计量。

14. 河道防护

(1)河床铺砌、护岸墙、顺坝、丁坝、调水坝及锥坡砌筑等工程及石笼、抛石防护,应分别根据图纸尺寸和监理工程师的指示,实际完成并经验收的数量,按不同强度等级砂浆砌体、不同强度等级水泥混凝土、石料的体积以立方米(m^3)为单位计量。

(2)河床铺砌、顺坝、丁坝、调水坝及锥坡等工程所需的砂砾(碎石)垫层工程量,应以图纸所示和监理工程师的指示为依据,按实际完成并经验收的数量,以立方米(m^3)为单位计量。

二、路基工程量清单以外工程量的确定

路基工程量清单以外工程量主要有两种情况:一种是工程量清单以外但为图纸内的工程量;第二种是程量清单以外,图纸也无此项工程的工程量。

第一种情况的计量是按照图纸所示位置和断面尺寸计算工程量,经监理人、业主签认进行计量。

第二种情况就是通常的工程变更,根据变更程序办理变更手续,有变更设计图纸的,工程量按变更设计图纸确定,没有图纸的,根据变更单确定的工程量计量,或者根据现场监理人确认的施工位置和计算方法进行工程计量。

三、路基工程量计算的注意事项

(1)土、石分类按交通运输部颁布的《公路工程预算定额》(JTG/T 3832—2018)对石方的有关分类规定确定,为次坚石或坚石的按石方计量,其余均按土方计量。

(2)土石方体积的计算。

土方挖方、石方爆破按天然密实体积计算,土方填方按压实后的体积计算。抛坍爆破的工程量,按设计的抛坍爆破石方体积计算,换算系数见表4-1。

天然密实方与压实方体积换算系数表 表4-1

公路等级	土方			石方
	松土	普通土	硬土	
二级及二级以上公路	1.23	1.16	1.09	0.92
三、四级公路	1.11	1.05	1.00	0.84

注:某一级公路,其中工程量为$1m^3$的挖土方作为利用方填筑路基,路基填方的工程量$1 \div 1.23 = 0.813(m^3)$。路基填方为利用方取上表系数,如路基填方为借方,则应在上表系数基础上增加0.03的损耗。

(3)钢筋计量项目里固定钢筋的材料、定位架立钢筋、钢筋接头、吊装钢筋、钢板、铁丝不另行计量。

(4)铁丝网,钢筋网,土工合成材料(如土工格栅、土工膜、土工格室等)等接缝的重叠面积和边缘的包裹面积不予计量。

四、实例

1.挖方、填方工程量计算

湖北1+8城市圈出口路某高速公路工程建设项目(模块2引例)第一合同段K1+100~K1+270土方工程,有填方、挖方,路基土方计算,请同学们结合本教材配套的学习任务单3,按清单模式进行工程量计量。

2.坡面排水

湖北1+8城市圈出口路某高速公路工程建设项目(模块2引例)第一合同段K1+240~K1+320路基右侧浆砌片石边沟,其横断面图和边沟数量表分别见图4-1和表4-2,根据图纸

计量其工程量(表4-3)。

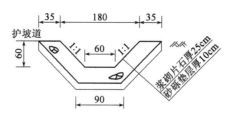

图4-1 路堤边沟断面图(尺寸单位:cm)

边沟工程数量表　　　　　　　　　　　　　　　　　　表4-2

工程名称	M7.5 浆砌片石 (m^3/m)	砂砾垫层 (m^3/m)	挖基 (m^3/m)
路堤边沟	0.69	0.36	2.2

计量清单　　　　　　　　　　　　　　　　　　　　表4-3

子目号	子目名称	单位	计量工程量	备注
207-1-a	M7.5 浆砌片石边沟	m^3	0.69×80=55.2	挖基、砂砾垫层作为边沟附属工程综合计价,不再单独计量

3．防护工程

如图4-2、图4-3所示的路基单侧挖方边坡防护及表4-4所示的挖方边坡防护工程数量表,该路基防护工程桩号为 K1+180～K1+320,高为7m,坡率为1:0.75,根据图纸计算其工程量。

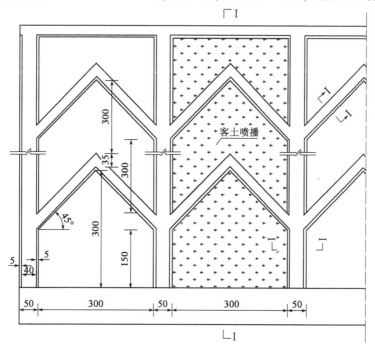

图4-2 浆砌片石人字形骨架植草护坡平面图(尺寸单位:cm)

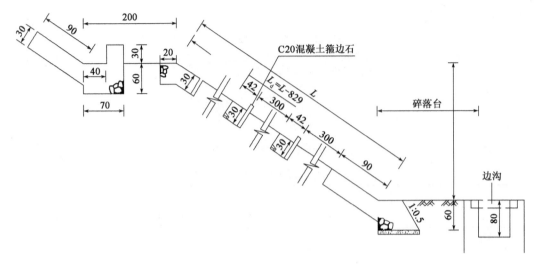

图 4-3 浆砌片石人字形骨架植草护坡横断面图(尺寸单位:cm)

挖方边坡防护工程数量表　　　　　　　　　　　　　　　表 4-4

项目	坡率	
	1:0.75	1:1
M7.5 浆砌片石拱圈(m^3)	$0.63L+0.21$	$0.63L+0.57$
M7.5 浆砌片石护脚及基础(m^3)	11.96	12.18
M7.5 浆砌片石加固坡顶(m^3)	2.69	2.77
C20 预制混凝土镶边石(m^3)	$0.14L+1.043$	$0.14L+1.344$
开挖土方(m^3)	$0.63L+0.65$	$0.63L+0.65$
回填土方(m^3)	$1.24L+1$	$1.24L-1.1$

计量清单见表 4-5。

计量清单　　　　　　　　　　　　　　　　　　　　　表 4-5

子目号	子目名称	单位	计量工程量	备注
208-3-b	浆砌骨架护坡	m^3	计算 $L=8.75m$ 拱圈:$0.21+0.63\times8.75=5.72$ $(320-180)\div14.5\times5.72=55.23$ 护坡基础:$(320-180)\div14.5\times11.96=115.48$ 坡顶:$(320-180)\div14.5\times2.69=25.97$ 合计:$55.23+115.48+25.97=196.68$	开挖回填土方作为附属工程不另行计量
208-4-d	混凝土预制件骨架护坡	m^3	$0.14\times8.75+1.043=2.27$ $(320-180)\div14.5\times2.27=21.92$	

4. 挡土墙

如图 4-4 所示的工程挡土墙断面图及表 4-6 所示的挡土墙工程数量表,计算该挡土墙工程量。

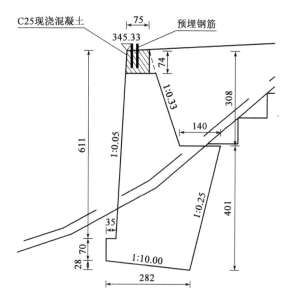

图 4-4 挡土墙横断面图(尺寸单位:cm)

挡土墙工程数量表(单位:m³) 表 4-6

墙身		挖基		C25 混凝土
块石	片石	普土	软石	
41.3	203.9	52.2	208.8	14.7

计量清单见表 4-7。

计量清单 表 4-7

子目号	子目名称	单位	计量工程量	备注
209-3-a	挡土墙浆砌片石	m³	203.9	挖基作为挡土墙附属工作不另行计量
209-3-b	挡土墙浆砌块石	m³	41.3	
209-5-a	挡土墙混凝土	m³	14.7	

单元 4.4　工程量清单中路面计量规则

一、路面工程计量规则

1. 垫层

(1)碎石、砂砾、水泥稳定土、石灰稳定土垫层应按图纸和监理工程师指示铺筑、经监理工程师验收合格的面积,按不同厚度以平方米(m²)为单位计量。

(2)计量宽度为铺筑垫层的顶面宽度。计量长度为沿路幅中心线或匝道中线水平测量的长度(扣除桥梁、明通道或明涵洞等结构物的长度)。对个别特殊形状的面积,应采用适当计算方法计量,并经业主和监理工程师批准以平方米(m^2)为单位计量。

2. 石灰稳定土底基层、基层

(1)石灰稳定土底基层、基层应按图纸所示和监理工程师指示铺筑的面积,经监理工程师验收合格,按不同厚度以平方米(m^2)为单位计量。计量宽度为铺筑层的顶面宽度。计量长度为沿路幅中心线或匝道中线水平测量的长度(扣除桥梁、明通道或明涵洞等结构物的长度)。对个别特殊形状的面积,应采用适当计算方法计量,并经业主和监理工程师批准以平方米(m^2)为单位计量。

(2)搭板、埋板下石灰稳定土底基层依据图纸所示尺寸、范围,按照铺筑体积以立方米(m^3)为单位计量。

3. 水泥稳定土底基层、基层

(1)水泥稳定土底基层、基层应按图纸所示和监理工程师指示铺筑的面积,经监理工程师验收合格,按不同厚度以平方米(m^2)为单位计量。计量宽度为铺筑层的顶面宽度。计量长度为沿路幅中心线或匝道中线水平测量的长度(扣除桥梁、明通道或明涵洞等结构物的长度)。对个别特殊形状的面积,应采用适当计算方法计量,并经业主和监理工程师批准以平方米(m^2)为单位计量。

(2)搭板、埋板下水泥稳定土底基层依据图纸所示尺寸、范围,按照铺筑体积以立方米(m^3)为单位计量。

4. 石灰粉煤灰稳定土底基层、基层

(1)石灰粉煤灰稳定土底基层、基层、石灰煤渣稳定土基层应按图纸所示和监理工程师指示铺筑的面积,经监理工程师验收合格,按不同厚度以平方米(m^2)为单位计量。计量宽度为铺筑层的顶面宽度。计量长度为沿路幅中心线或匝道中线水平测量的长度(扣除桥梁、明通道或明涵洞等结构物的长度)。对个别特殊形状的面积,应采用适当计算方法计量,并经业主和监理工程师批准以平方米(m^2)为单位计量。

(2)搭板、埋板下石灰粉煤灰稳定土底基层依据图纸所示尺寸、范围,按照铺筑体积以立方米(m^3)为单位计量。

5. 级配碎(砾)石底基层、基层

(1)级配碎石底基层及基层、级配碎砾石底基层、级配砾石基层应按图纸所示和监理工程师指示铺筑的面积,经监理工程师验收合格,按不同厚度以平方米(m^2)为单位计量。计量宽度为铺筑层的顶面宽度。计量长度为沿路幅中心线或匝道中线水平测量的长度(扣除桥梁、明通道或明涵洞等结构物的长度)。对个别特殊形状的面积,应采用适当计算方法计量,并经业主和监理工程师批准以平方米(m^2)为单位计量。

(2)搭板、埋板下级配碎石、级配砾石底基层依据图纸所示尺寸、范围,按照铺筑体积以立方米(m^3)为单位计量。

6. 沥青稳定碎石基层(ATB)

沥青稳定碎石基层应按图纸所示和监理工程师指示铺筑的面积,经监理工程师验收合格,按不同级配类型、厚度以平方米(m^2)为单位计量。计量宽度为铺筑层的顶面宽度。计量长度为沿路幅中心线或匝道中线水平测量的长度(扣除桥梁、明通道或明涵洞等结构物的长度)。对个别特殊形状的面积,应采用适当计算方法计量,并经业主和监理工程师批准以平方米(m^2)为单位计量。

7. 透层和黏层

透层和黏层应以图纸所示的路面结构面积或以业主和监理工程师确认的面积,按沥青品种、规格、喷油量以平方米(m^2)为单位计量。

8. 热拌沥青混合料面层

(1)热铺沥青混凝土应按图纸所示或监理工程师指示的铺筑面积,经监理工程师验收合格,按级配类型和不同厚度分别以平方米(m^2)为单位计量。

(2)计量宽度铺筑的顶面宽度。计量长度为沿路幅中心线或匝道中线水平测量的长度。对个别特殊形状的面积,应采用适当计算方法计量,并经业主和监理工程师批准以平方米(m^2)为单位计量。

9. 沥青表面处治与封层

沥青表面处治与封层以图纸所示的路面结构面积或以业主和监理工程师确认的面积,按沥青种类、厚度、喷油量以平方米(m^2)为单位计量。

10. 改性沥青及改性沥青混合料

(1)改性沥青及改性沥青混合料应按图纸所示或监理工程师指示的铺筑面积,经监理工程师验收合格,按级配类型和不同厚度分别以平方米(m^2)为单位计量。

(2)计量宽度铺筑的顶面宽度。计量长度为沿路幅中心线或匝道中线水平测量的长度。对个别特殊形状的面积,应采用适当计算方法计量,并经业主和监理工程师批准以平方米(m^2)为单位计量。

11. 水泥混凝土面板

(1)水泥混凝土路面经监理工程师验收合格后,以图纸所示界限的中线长度及宽度进行现场量测,按混凝土厚度和强度以平方米(m^2)为单位计量。所有水泥混凝土路面切缝、灌缝作为附属工作,不另行计量。

(2)钢筋依据图纸所示水泥混凝土路面钢筋按图纸质量以千克(kg)为单位计量,因搭接而增加的钢筋作为附属工作,不另行计量。

(3)拌和场的建设诸如场地平整的土石方工程、场内堆料坪与运输道路的硬化、设备的安装调试、场内的供水供电、办公试验用房、遮阳棚等配套设施与完工后的拆除及场地清理均不另外计量。其费用应视为包含在承包人驻地建设费用之内。

12. 路肩培土、中央分隔带回填土、土路肩加固及路缘石

(1)路肩培土及中央分隔带回填土依据图纸断面尺寸,按压实后并经验收的工程数量分别以立方米(m^3)为单位计量。

(2)现浇混凝土加固土路肩、混凝土预制块加固土路肩、混凝土预制块路缘石经验收合格后,依据图纸断面尺寸和混凝土强度等级,按照体积以立方米(m^3)为单位计量。

13. 路面及中央分隔带排水

中央分隔带、路肩处设置的排水设施,按图纸施工,经监理工程师验收合格以实际工程数量分别按下列项目计量:

(1)排水管、纵向雨水沟(管)根据不同类型及规格,按埋设管长、长度分别以米(m)为单位计量。

(2)集水井按不同类型及规格以座为单位计量。

(3)中央分隔带渗沟根据不同类型,按埋设长度以米(m)为单位计量。

(4)路肩排水沟、拦水带根据图纸断面尺寸、类型,按照长度以米(m)为单位计量。

(5)沥青油毡防水层按铺设的防水层面积以平方米(m^2)为单位计量。

二、路面工程量计算的注意事项

(1)材料取样与试验、试验路段、料场作业、拌和场场地硬化及遮雨棚、雨季施工所涉及的作业包含在与其相关工程子目,本章均不做计量。

(2)垫层、基层、底基层、热拌沥青混合料面层、改性沥青及改性沥青混合料按面积以平方米(m^2)为单位计量,所有的计算宽度为铺筑的顶面宽度。

(3)路面项目中的厚度均为压实厚度。

(4)挖除旧路面按设计提出的需要挖除的旧路面体积计算。

(5)底基层、基层、面层拌和所需的设备安装、调试、拆除都不单独另行在本单元计量。

三、实例

湖北1+8城市圈出口路某高速公路工程建设项目(模块2引例)第一合同段K31+800~K33+100,请同学们结合本教材配套的学习任务单4,了解工程情况,完成路面左幅各层工程量的计量。

单元4.5 工程量清单中桥梁、涵洞计量规则

一、桥梁、涵洞工程计量规则

1. 通则

(1)桥梁荷载试验、桥梁施工监控根据委托合同约定的项目内容,以暂估价形式按总额为单位计量。

(2)地质钻探及取样试验按实际发生的地质钻探及取样试验分不同钻径以米(m)为单位计量。

2. 钢筋

(1)根据图纸所示及钢筋表所列,除另有说明不在本节计量的钢筋外,按实际安设并经监理工程师验收的钢筋,以千克(kg)为单位计量。

(2)固定钢筋的材料、定位架立钢筋、钢筋接头、吊装钢筋、钢板、铁丝作为钢筋作业的附属工作,不另行计量。

3. 基础开挖及回填

根据图纸取用底、顶面间平均高度的棱柱体体积,分别按干处、水下及土、石,以立方米(m^3)为单位计量。

基础底面、顶面及侧面的确定应符合下列规定:

(1)基础挖方底面:按图纸所示或业主和监理工程师批准的基础(包括地基处理部分)的基底高程线计算。

(2)基础挖方顶面:按业主和监理工程师批准的横断面上所标示的原地面线计算。

(3)基础挖方侧面:按顶面到底面,以超出基底周边0.5m的竖直面为界。

4. 钻孔灌注桩

(1)钻孔灌注桩应以图纸所示或业主和监理工程师确认的实际完成的桩身长度及混凝土强度等级,分陆上和水中桩及分不同桩径按米(m)计量。钻孔灌注桩的桩长为系梁或承台底面以下的长度,对于无系梁或承台的桩柱式墩台,按桩柱处起始地面线为分界线,地面线以下部分为灌注桩桩长;若图纸有标识的,按图纸标识。

(2)开挖、钻孔、清孔、钻孔泥浆。护筒、混凝土、破桩头,以及必要时在水中填土筑岛、搭设工作台组及浮箱平台、栈桥等其他未完成工程的细目,作为钻孔灌注桩的附属工作,不另行计量。混凝土桩检测发生的预埋钢管等材料,钻取芯样的封填混凝土均作为混凝土桩的附属工作,不另行计量。

(3)钢筋在工程量清单400章第403节内计量,列入403-1子目内。

(4)只有当施工桩位的水深超过2m的为水中钻孔灌注桩,水深小于2m(含2m)的为陆上钻孔灌注桩。

(5)钻取混凝土芯样检测费按实际钻取的混凝土芯样长度,分不同钻径以米(m)为单位计量,混凝土质量合格,钻取的芯样给予计量,否则不予计量。

(6)破坏荷载试验用桩依据图纸所示桩长及混凝土强度等级,按照不同桩径的桩长以米(m)为单位计量。

(7)存在质量疑问的桩基础经监理工程师或其他质量监督机构发出的检验,如检验合格,其费用由业主检测合同支付,否则承包人负担发生的全部费用。

(8)经业主及监理工程师委托的有相应资质的检测机构检测评定,钻孔灌注桩为Ⅲ类桩、不合格桩或废桩,则该桩不予计量,并由承包人负担发生的全部费用。有缺陷的桩,若采取补救措施,并经监理工程师和检测机构检验合格,则以原设计工程量予以计量。

(9)溶洞处理,按溶洞在桩位顺桩孔方向的实际空洞长(深)度,以米(m)为单位计量。

5. 沉桩

钢筋混凝土沉桩、预应力混凝土沉桩、试桩,依据图纸所示桩长及混凝土强度等级,按照不同桩径的长度以米(m)为单位计量。

6. 挖孔灌注桩

(1)以图纸所示或业主和监理工程师确认的实际完成的桩身长度及混凝土强度等级,按照不同的桩径以米(m)为单位计量。桩长为系梁或承台底面以下的长度,对于无系梁或承台的桩柱式墩台,按桩柱处起始地面线为分界线,地面线以下部分为灌注桩桩长;若图纸有标识的,按图纸标识。

(2)钻取混凝土芯样检测费按实际钻取的混凝土芯样长度,分不同钻径以米(m)为单位计量,混凝土质量合格,钻取的芯样给予计量,否则不予计量。

(3)破坏荷载试验用桩依据图纸所示桩长及混凝土强度等级,按照不同桩径的桩长以米(m)为单位计量。

7. 桩的垂直静荷载试验

桩的检验荷载试验、桩的破坏荷载试验依据委托合同,按实际进行检验试验,分不同的桩径、桩长、混凝土强度等级、荷载等级以每一试桩为单位计量。该计量内容仅指试验工作,桩的工程量在对应工程结构中计量。

8. 沉井

沉井制作完成,符合图纸规定要求,经监理工程师验收后,混凝土及钢筋按以下规定计量。

(1)沉井的混凝土,按就位后沉井顶面以下各不同部位(井壁、顶板、封底、填芯)和不同混凝土等级的体积以立方米(m^3)为单位计量。

(2)沉井所用钢筋,列入第403-1节基础钢筋支付细目内计量。

9. 结构混凝土工程

(1)结构混凝土应以图纸所示和监理工程师的指示为依据,按实际完成并经验收的数量计量,其中混凝土基础(包括支撑梁、桩基承台、桩基系梁,但不包括桩基)、混凝土下部结构以不同强度等级以立方米(m)为单位计量;现浇混凝土上部结构、预制混凝土上部结构、上部结构现浇整体化混凝土以不同结构类型及强度等级,以立方米(m^3)为单位计量;现浇混凝土附属结构、预制混凝土附属结构按其种类及强度等级,以立方米(m^3)为单位计量。

(2)结构钢筋在工程量清单400章第403节内根据相应部位及钢筋等级计量。

(3)直径小于200mm的管子、钢筋、锚固件、管道、泄水孔所占混凝土体积不予扣除。

10. 预应力混凝土工程

(1)先张法预应力钢丝、钢绞线、钢筋依据图纸所示构件长度计算预应力钢材质量,按不同材质以千克(kg)为单位计量。

(2)后张法预应力钢丝、钢绞线、钢筋依据图纸两端锚具间的理论长度计算预应力钢材质量,按不同材质以千克(kg)为单位计量。

(3)先张、后张钢材的锚固长度及工作长度不另行计量。

(4)现浇预应力混凝土上部结构、预制预应力混凝土上部结构依据图纸所示体积按不同强度等级以立方米(m^3)为单位计量,钢筋、钢材所占体积及单个面积在0.03m^2以内的空洞不予扣除,后张法预应力混凝土梁封端混凝土工程量计入工程量清单411-8中(预制预应力混凝土上部结构)。

11. 砌石工程

(1)以图纸所示或监理工程师指示为依据,按工程完成的并经验收的各种石砌体或预制混凝土块砌体,分不同砂浆强度以体积立方米(m^3)为单位计量。

(2)计算体积时,所用尺寸应由图纸所标明或监理工程师书面规定的计价线或计价体积确定。相邻不同石砌体计量中,应各包括不同石砌体间灰缝体积的一半。镶面石突出部分超过外廓线者不予计量。泄水孔、排水管或其他面积小于$0.03m^2$的孔眼不予扣除,削角或其他装饰的切削,其数量为所在石料5%或少于5%者,不予扣除。

12. 桥面铺装

(1)桥面铺装应按图纸所示的尺寸,或按实际完成并经监理工程师验收的数量,分别不同材料及级别,按照铺筑体积以立方米(m^3)为单位计量。

(2)桥面防水层按图纸要求施工,并经监理工程师验收的实际数量,按桥面混凝土表面净面积分不同材质以平方米(m^2)为单位计量。

(3)桥面竖、横向集中排水管,按图纸数量分不同材质、管径分笔计量,其中铸铁管、钢管等金属材质以千克(kg)为单位计量;PVC管以米(m)为单位计量。接头、固定泄水管的金属构件,铸铁泄水孔不另行计量。

(4)桥面边部碎石盲沟依据图纸所示位置、尺寸,按照盲沟体积以立方米(m^3)为单位计量。

13. 桥梁支座

(1)板式橡胶支座依据图纸所示位置及尺寸,安装图纸所示类型及规格板式橡胶支座就位,按图示体积,分不同的材质及形状以立方米(m^3)为单位计量。

(2)盆式支座、隔震橡胶支座、球形支座依据图纸所示位置及尺寸,安装就位,按图示数量分不同型号、支座反力以个为单位计量。

(3)临时支座的安装和卸除作为路基桥涵标支座的附属工程,不单独计量。

14. 桥梁接缝和伸缩装置

(1)桥面伸缩装置依据图纸要求安装,按伸缩装置长度(包括人行道、缘石、护栏底座与行车道等全部长度)并经监理工程师验收的数量,分不同结构形式以米(m)为单位计量,其内容包括伸缩装置的提供和安装等作业。

(2)除伸缩装置外的其他接缝,如橡胶止水片、沥青类等接缝填料,作为有关工程的附属工作,不另行计量。

(3)安装时切割和清除伸缩装置范围内沥青混凝土铺装和安装伸缩装置所需的临时或永久性的扣件、钢板、钢筋、焊接、螺栓、黏结等,作为伸缩装置安装的附属工作,不另行计量。

(4)为安装伸缩缝而在台背、梁板内设置的预埋筋,作为桥台或梁板的附属工程不单独计量。

15. 圆管涵及倒虹吸管涵

(1)钢筋混凝土圆管涵或倒虹吸管,以图纸规定的洞身长度或监理工程师同意的现场沿涵洞中心线量测的进出口端墙外侧间距离,分不同孔径及孔数,经监理工程师检查验收后以米

(m)为单位计量。管节所用钢筋,不另计量。

(2)图纸中标明的基座,圆管的接缝材料、沉降缝的填缝与防水材料等,洞口建筑,包括八字墙、一字墙、帽石、锥坡、铺砌、跌水井及地基处理与回填等,均作为承包人应做的附属工作,不另计量与交付。

(3)基础挖方及回填计量作为承包人应做的附属工作,不另计量与交付。

(4)洞口(包括倒虹吸管)建筑以外涵洞上下游沟渠的改沟、铺砌、加固及急流槽消力坎的建造等均列入工程量清单 207-7 子目号内计量。

16.盖板涵、箱涵

(1)钢筋混凝土盖板涵(含通道)钢筋混凝土箱涵(含通道)应以图纸规定的洞身长度或经监理工程师同意的现场沿涵洞中心线测量的进出口之间的洞身长度,经验收合格后按不同跨径以米为单位计量,盖板涵、箱涵所用钢筋不另计量。

(2)基础,洞口建筑,包括八字墙、一字墙、帽石、锥坡、跌水井、洞口及洞身铺砌、模板安设以及垫层等作为承包人应做的附属工作,均不单独计量。

(3)通道端墙外各 20m 内的土方、路面工程及锥坡填筑工作是否单独计量由各个项目专用合同条款确定。

17.拱涵

(1)石拱涵(含通道)混凝土拱涵(含通道)依据图纸所示,按不同跨径的拱涵长度以米单位计量。

(2)基底软基处理计入 205 节特殊地区地基处理相应子目中。

二、桥梁、涵洞工程常见结构实体计算

二维码 4-3
工程实体常用
的计算公式

工程结构物一般具有较规则的几何形体,或者可以将其划分为简单的几何形体组成的实体,通过计算几何图形的面积、体积来确定实体结构的工程数量。常用图形求面积计算公式有正方形计算公式、长方形计算公式、三角形计算公式、平行四边形计算公式、任意四边形计算公式、正多边形计算公式、菱形计算公式、梯形计算公式、圆形计算公式、椭圆形计算公式、扇形计算公式、弓形计算公式、圆环计算公式、部分圆环计算公式、新月形计算公式、抛物线形计算公式、等多边形计算公式等,具体图形及计算公式扫描二维码 4-3 浏览。

三、桥梁、涵洞工程量计算的注意事项

1.钢筋

在预制构件标中预制的梁板钢筋统一作为相应项目的附属工程,不单独计量。圆管涵、倒虹吸、盖板涵、箱涵、拱涵等钢筋作为相应项目的附属工程,不单独计量,因搭接而增加的钢筋不予计量。所有的预埋钢筋均不单独计量。

2.基坑开挖及回填

圆管涵、倒虹吸、盖板涵、箱涵、拱涵和其他小型结构物的基础开挖和回填均作为相应工程

项目的附属工程,不单独计量。为完成基础挖方所做的排水及围堰、基坑支撑及抽水、基坑回填与压实、错台开挖及斜坡开挖等作为挖基工程的附属工作,不另行计量。基坑土的运输作为挖基工程的附属工作,不另行计量。

(3)模板、拱架和支架的设计制作、安装、拆卸施工等有关作,作为有关工程的附属工作,均不做计量。

(4)除钢筋及预应力钢筋以外的小型钢构件的供应、制造、保护和安装,均不做计量。

(5)沥青或油毛毡防水层,作为有关子细目的附属工作,不另行计量。

(6)预制构件的起吊、运输、装卸、储存和安装,作为相应子目中附属工作,不另行计量。

四、实例

(1)某桥梁1号墩柱水下钻孔灌注桩,同学们可结合本教材配套的学习任务单5,了解其工程情况,进行该桩基工程数量计量。

(2)其桥梁的一个盖梁示意图如图4-5所示,其工程数量表见表4-8,进行该盖梁工程量计量。

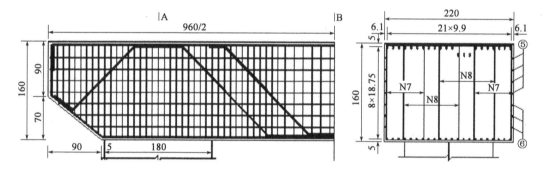

图4-5 盖梁的立面、剖面图(尺寸单位:cm)

一个分联墩盖梁材料及工程数量表 表4-8

钢筋编号	直径(mm)	长度(cm)	根数	共重(kg)	总重(kg)	C30混凝土(m³)
1	28	1156.5	22	1228.9	4121.9	32.41
2	28	1028.0	22	1092.4		
3	28	1161.4	22	1234.1		
4	28	533.2	22	566.6		
5	12	955.0	8	67.8	1624.7	
6	12	873.5	6	46.5		
7	12	457.2	144	584.6		
8	12	517.2	144	661.4		
9	12	383.5	36	122.6		
10	12	443.5	36	141.8		
全桥合计:φ28mm 钢筋长度 16487.7cm,φ12mm 钢筋长度 6499.0cm,C30 混凝土 129.64m³						

工作量清单计量见表4-9。

工作量清单计量表 表4-9

子目号	子目名称	单位	计量工程量	备注
403-2-a	下部构造光圆钢筋	kg	0	
403-2-b	下部构造带肋钢筋	kg	4221.9 + 1724.7 = 5746.6	
410-2-c	下构 C30 盖梁混凝土	m³	32.41	

(3)湖北1+8城市圈出口路某高速公路工程建设项目(模块2引例)第一合同段 K1+986 处有一道钢筋混凝土箱涵,其结构见图4-6,工程数量表见表4-10,进行该箱涵工程量计量。

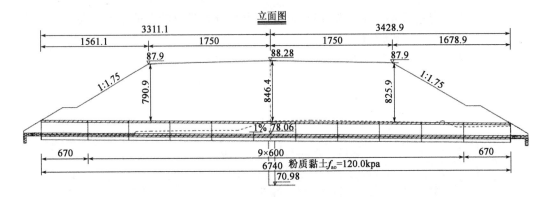

图4-6 箱涵立面图(尺寸单位为:cm)

工程数量表 表4-10

项目单位	材料	混凝土		其他				钢筋		挖土(无水)(m³)	台背回填(m³)
		C25 (m³)	C30 (m³)	M7.5 浆砌片 (m³)	石砂砾 (m³)	沥青麻絮 (m²)	防腐沥青 (m²)	φ12 (kg)	φ16 (kg)		
涵身	箱体		126.84					7568.91	12530.5		
	基础	40.98									
	垫层				102.45						
	沉降缝					40.13					
	帽石		0.37								
洞口	墙身		8.03								
	铺砌			7.03							
	基础	4.78									
	截水墙			3.94							
	沉降缝					9.27					
	防腐层						38.26				
合计		45.76	135.24	10.97	102.45	49.4	38.26	7568.91	12530.5	1480	2994

工程量清单计量见表 4-11。

工程量清单计量表 表 4-11

子目号	子目名称	单位	计量工程量	备注
420-2-b	钢筋混凝土箱涵（1-4m×3.0m）	m	33.111 + 34.289 = 67.4	根据跨径不同子目号可细分为 420-2-a、420-2-b 等，分别以米（m）计量。如有软基处理，计量到工程量清单第 205 节相应子目中，本道涵洞没有软基处理工程量

单元 4.6　工程量清单中隧道计量规则

一、隧道工程计量规则

1. 洞口与明洞工程

(1) 洞口、明洞开挖依据图纸只区分土、石方，不区分土、石方种类，以立方米(m^3)为单位计量。

(2) 防水与排水。

石砌截水沟、排水沟依据图纸分不同砂浆强度以立方米(m^3)为单位计量。

现浇、预制混凝土依据图纸按照混凝土强度等级以立方米(m^3)为单位计量。

土工合成材料按铺设的面积分不同材质以平方米(m^2)为单位计量，重叠、边缘包裹面积不予计量。

渗沟依据图纸按渗沟体积以立方米(m^3)为单位计量。

钢筋依据图纸按质量以千克(kg)为单位计量。

(3) 洞口坡面防护。

浆砌片石护坡、浆砌护面墙依据图纸按砌体体积分不同砂浆强度等级以立方米(m^3)为单位计量。

现浇、预制、喷射混凝土护坡、护面墙、挡土墙依据图纸按混凝土体积分不同强度等级以立方米(m^3)为单位计量，不扣除沉降缝、泄水孔、预埋件所占体积。

地表注浆依据图纸按浆液体积分不同强度等级及材质以立方米(m^3)为单位计量。

钢筋依据图纸按质量以千克(kg)为单位计量。

锚杆依据设计图纸按锚杆长度分不同直径以米(m)为单位计量。

主动、被动防护系统依据图纸按防护的坡面面积以平方米(m^2)为单位计量，网片搭接部分不另行计量。

(4) 洞门建筑。

现浇、预制混凝土依据图纸按混凝土体积分不同强度等级以立方米(m³)为单位计量。

浆砌片粗料石依据图纸按砌体体积分不同砂浆强度等级以立方米(m³)为单位计量。

洞门墙装饰按图纸装修面积分不同的材质以平方米(m²)为单位计量。

钢筋依据图纸按质量以千克(kg)为单位计量。

隧道铭牌按图纸每一洞口以处为单位计量。

(5)明洞衬砌。

现浇混凝土依据图纸按混凝土体积分不同强度等级以立方米(m³)为单位计量。

钢筋依据图纸按质量以千克(kg)为单位计量。

(6)遮光板。

依据图纸按照不同材质棚板的面积以平方米(m²)为单位计量。

(7)洞顶回填。

黏土防水层依据图纸按照铺设的防水层体积以立方米(m³)为单位计量。

土工合成材料按铺设的防水材料面积,分不同材质以平方米(m²)为单位计量。

回填按照图纸以回填土体积分不同材质以立方米(m³)为单位计量。

2.洞身开挖与支护

(1)洞身开挖。

洞身开挖依据图纸所示洞断面(不计允许超挖值与预留变形量的设计净断面)计算开挖体积,不分围岩级别,只区分土方和石方,以立方米(m³)为单位计量。

(2)洞身支护。

基础钢管桩、孔口管、管棚、注浆小导管、砂浆锚杆、药包锚杆、中空注浆锚杆、自进式锚杆、预应力锚杆依据设计图纸,按不同规格的长度以米(m)为单位计量。

套拱混凝土、喷射混凝土依据图纸,按混凝土体积分不同强度等级以立方米(m³)为单位计量。

套拱钢架、钢筋、钢筋网、型钢支架、钢筋格栅依据图纸,按钢材不同材质质量以千克(kg)为单位计量。

3.洞身衬砌

现浇、预制安装混凝土依据图纸,按混凝土体积分不同强度等级以立方米(m³)为单位计量。

钢筋、铸铁盖板依据图纸按质量以千克(kg)为单位计量。

洞室门按照图纸安装就位验收合格的洞室门数量以个为单位计量。

4.防水与排水

(1)防水与排水。

金属材料按照图纸分不同材质以千克(kg)为单位计量,接头、固定、定位材料作为附属工作不予计量。

排水管依据图纸按不同材质的排水管长度,分不同材质、管径以米(m)为单位计量。

止水带或止水条依据图纸按不同型号的材质长度以米(m)为单位计量。

防水板、涂料防水层依据图纸按照不同材质、厚度以平方米(m²)为单位计量。

水泥注浆依据图纸按掺加水泥的质量,分不同强度等级以吨(t)为单位计量。

水玻璃原液注浆依据图纸按掺加的水玻璃原液体积以立方米(m^3)为单位计量。

(2)保温。

保温层依据图纸及保温材料类型,按保温层面积以平方米(m^2)为单位计量,重叠的面积不予计量。

保温出水口暗管按图纸所示位置、材料、尺寸及埋设深度,按图示不同材料的保温出水口暗管长度以米(m)为单位计量。

保温出水口按图纸所示位置、结构、尺寸,分不同类型,按出水口形式以处为单位计量。

5. 洞内防火涂料和装饰工程

洞内防水涂料、墙面装饰、喷涂混凝土专用漆、吊顶依据图纸,分不同厚度、材质按面积以平方米(m^2)为单位计量。

6. 监控量测

必测项目和选测项目依据图纸和技术规范,以总额为单价计量。

7. 特殊地质地段的施工与地质预报

地质预报依据需要预报的距离和内容,分不同的探测手段,以总额为单位计量。

8. 洞内机电设施预埋件和消防设施

(1)预埋件。

依据图纸所示位置和断面尺寸,按照材料表所列的金属结构预埋件质量以千克(kg)为单位计量。接头、固定、定位材料、非金属结构预埋件都不另行计量。

(2)消防设施。

供水钢管按供水管管道中心线长度以米(m)为单位计量,不扣除阀门、管件及各种组件所占长度。

消防洞室防火门按满足设计功能要求的隧道消防洞室防火门数量以套为单位计量。

集水池、蓄水池、泵房,根据图纸要求按数量以座为单位计量。

二、隧道工程量计算的注意事项

(1)洞口坡面植物防护在工程量清单第700章计量。

(2)隧道施工中的供风、供水、供电、照明及施工中的通风、防尘的作业作为附属工作,均不做计量。

(3)洞口弃方在图纸规定的弃土场内为免费运距,超出规定弃土场的运距经监理人同意后,其超出部分另计超出运距费,按立方米公里($m^3 \cdot km$)计量,未监理人同意自选弃土场超距的,不论远近,均为免费运距。

(4)隧道支护取消超前支护和初期支护,统一为洞身支护子目号503-2,根据支护所用的不同材料进行计量。

三、实例

(1)其36m长隧道锚杆洞身支护,其全断面图见图4-7,延米工程量见表4-12,进行该段隧道工程量计量。

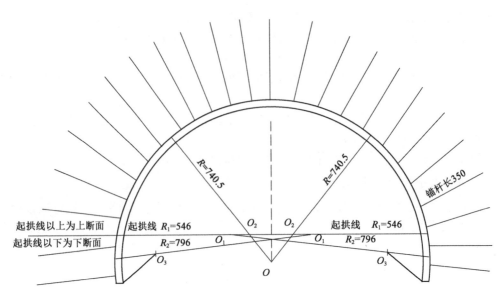

图 4-7 隧道全断面图(单位尺寸:cm)

延米数量表　　　　　　　　　　　　　　　　　表 4-12

部位	项目		
	喷射混凝土 C30(m³)	砂浆锚杆(kg)	自进式锚杆(kg)
上断面	4.542	208.6	158.717
下断面	1.135	52.15	0
延米总量	5.677	260.75	158.717

工程量清单计量见表 4-13。

清单计量表　　　　　　　　　　　　　　　　　表 4-13

子目号	子目名称	单位	计量工程量	备注
503-2-c-1	砂浆锚杆	m	36 × 260.75 ÷ 2.98 = 3150	φ22 锚杆每米理论质量为 2.98kg
503-2-c-4	自进式锚杆	m	36 × 158.717 ÷ 2.98 = 1917.39	φ22 锚杆每米理论质量为 2.98kg
503-2-d-2	支护喷射 C25 混凝土	m³	36 × 5.677 = 204.37	

（2）隧道某段桩号洞身在开挖过程中，根据图纸计算得到挖普通土 1200m³，挖硬土 1100m³，挖软石 650m³，挖次坚石 1700m³，请进行该段隧道洞身开挖工程量计量，见表 4-14。

清单计量表　　　　　　　　　　　　　　　　　表 4-14

子目号	子目名称	单位	计量工程量	备注
503-1-a-1	洞身开挖土方	m³	1200 + 1100 = 2300	不分围岩等级，只区分土方和石方
503-1-a-2	洞身开挖石方	m³	650 + 1700 = 2350	

单元 4.7　工程量清单中安全设施及预埋管线计量规则

一、安全设施及预埋管线工程计量规则

1. 护栏

(1) 护栏。

现浇混凝土、预制混凝土护栏依据图纸位置和断面尺寸,按不同强度的混凝土体积以立方米(m^3)为单位计量。不扣除混凝土沉降缝、泄水孔所占体积。

现浇混凝土基础依据图纸位置和断面尺寸,按不同强度的混凝土体积以立方米(m^3)为单位计量。

钢筋依据图纸所示及钢筋表所列钢筋质量以千克(kg)为单位计量。

(2) 石砌护墙。

石砌护墙依据图纸所示位置和断面尺寸,按图示各类石砌体积以立方米(m^3)为单位计量,不扣除砌体沉降缝、泄水孔所占体积。

(3) 波形梁钢护栏。

路侧、中央分隔带波形梁钢护栏依据图纸所示位置、防撞等级及构造形式代号,按图示长度以米(m)为单位计量。

波形梁钢护栏端头依据图纸所示位置、断面尺寸,按图示各型号端头数量,以个为单位计量。

(4) 缆索护栏。

路侧、中央分隔带缆索护栏依据图纸所示位置和断面尺寸,分不同类型,按图示护栏长度以米(m)为单位计量。

(5) 中央分隔带活动护栏。

钢质拔插式、伸缩式、钢管预应力索防撞活动护栏依据图纸所示位置和断面尺寸,按图示活动护栏长度以米(m)为单位计量。

2. 隔离栅和防落物网

(1) 隔离栅和防落物网。

钢板网、编织网、焊接网、刺钢丝网隔离栅依据图纸所示位置和断面尺寸,按图示不同隔离栅沿路线展开长度以米(m)为单位计量。不扣除钢管(型钢)所占沿路线长度,三角形起讫端按相应沿路线长度的1/2计算。

(2) 防落物网按图纸设计以米(m)为单位计量。

3. 道路交通标志

单柱式、双柱式、三柱式、门架式、单悬臂式、双悬臂式、附着式等交通标志依据图纸所示位

置和断面尺寸,分不同规格的标志板,按安装就位的标志数量以个为单位计量。

里程碑、公路界碑,按图纸所示碑数量以个为单位计量。

百米桩、防撞桶、锥形桶、道路反光镜以个为单位计量。

4. 道路交通标线

热熔型及溶剂型涂料路面标线、预成型标线带依据图纸所示位置和断面尺寸,分不同类型,按图示标线面积以平方米(m^2)为单位计量。

突起路标、轮廓标、锥形路标依据图纸按数量以个为单位计量。

立面标记依据图纸按标记以处为单位计量。

减速带依据图纸按减速带长度以米(m)为单位计量。

铲除原有路面标线依据图纸按铲除的原有路面标线面积以平方米(m^2)为单位计量。

5. 防眩设施

防眩板依据图纸位置和断面尺寸分不同类型,按图示防眩板数量以块为单位计量。

防眩网依据图纸位置和断面尺寸分不同类型,按图示防眩板长度以米(m)为单位计量;不扣除立柱所占长度。

6. 通信和电力管道与预埋(预留)基础

人(手)孔、紧急电话平台依据图纸按数量以个为单位计量。

管道工程依据图纸,分不同类型及规格,按图示铺设的管道长度以米(m)为单位计量。不扣除人孔、手孔所占的长度。

7. 收费设施及地下通道

收费亭、收费岛依据图纸分不同类型,按图示材料材质的数量以个为单位计量,收费亭防腐、反光标识粘贴,收费岛涂料的涂刷等都不另行计量。

收费天棚依据图纸按材料制作安装的收费天棚平面投影面积,以平方米(m^2)为单位计量。

地道通道依据图纸所示位置和结构形式及断面尺寸,分不同类型,按地下通道中心量测的洞口间距离以米(m)为单位计量。

预埋管线、架设管线依据图纸分不同类型按长度以米(m)为单位计量。

二、安全设施及预埋管线工程量计算的注意事项

(1)桥梁现浇、预制混凝土护栏不在本单元计量,在工程量清单"第400章 桥梁"中现浇混凝土附属结构410-6和预制混凝土附属结构、410-7中计量。

(2)隔离栅高度指隔离栅上缘网面至地表面的铅直距离。

三、实例

湖北1+8城市圈出口路某高速公路工程建设项目(模块2引例)第一合同段K1+200~K1+600中央分隔带设置了钢管预应力索防撞活动护栏,请进行该中央分隔带活动护栏工程量计量。

工程量清单计量见表4-15。

清单计量表 表4-15

子目号	子目名称	单位	计量工程量	备注
602-5-c	钢管预应力索防撞活动护栏	m	(600-200)×2=800	考虑中央分隔带有左右两侧

单元4.8　工程量清单中绿化及环境保护设施计量规则

一、绿化及环境保护设施工程计量规则及计算方法

1. 铺设表土

开挖并铺设表土、铺设利用表土依据图纸按种植土体积,以立方米(m^3)为单位计量。开挖并铺设表土中在公路用地界内开挖取得或从公路用地界外取得的表土由业主根据项目情况确定计量情况。

2. 撒播草种和铺植草皮

撒播(含喷播)草种、花卉、灌木籽、先点播灌木后喷播草种、铺植草皮依据图纸按照种植的面积以平方米(m^2)为单位计量,扣除结构工程和密栽灌木所占面积,不扣除散栽苗木所占面积。

三维土工网植草依据图纸按种植的面积以平方米(m^2)为单位计量,扣除结构工程面积。

客土喷播依据图纸按喷播的面积以平方米(m^2)为单位计量。

植生袋依据图纸按铺设的面积以平方米(m^2)为单位计量。

绿地喷灌管道依据图纸按敷设的不同管径的管道长度以米(m)为单位计量。

植物移栽依据图纸所示位置,按成活的各类植物数量计算,树木以棵为单位,草皮以平方米(m^2)为单位。

3. 种植乔木、灌木和攀缘植物

人工种植乔木、灌木、攀缘植物类依据图纸,按种植的不同规格的各类植物数量以棵为单位计量。

人工种植竹类依据图纸,按种植的不同类型的竹木数量以棵为单位计量。

4. 声屏障

吸、隔声板声屏障依据图纸所示位置和断面尺寸,分不同类型,按图示的长度以米(m)为单位计量。

吸声砖、砖墙声屏障依据图纸所示位置和断面尺寸,分不同类型,按图示的体积以立方米(m^3)为单位计量,基础作为附属工作,不另行计量。

二、绿化及环境保护设施工程量计算的注意事项

(1)苗木胸径应为地表面向上1.2m处树干直径。
(2)苗木冠径(冠幅)应为苗木冠丛垂直投影面的最大直径和最小直径之间的平均值。
(3)蓬径应为灌木、灌丛垂直投影面的直径。
(4)地径为地表面向上0.1m高处树干直径。
(5)干径为地表面向上0.3m高处树干直径。
(6)株高为地表面至树顶端的高度。
(7)冠丛高为地表面至乔(冠)木顶端的高度。
(8)篱高为地表面至绿篱顶端的高度。
(9)植物的养护和管理含在绿化植物种植的相关子目中,均不另行计量。

工程计量支付软件简介

模块 5

● 学习目标	1. 熟悉市场上常见的计量支付软件； 2. 了解计量支付相关术语； 3. 掌握计量支付的流程逻辑及相关报表。
● 素质目标	1. 培养学生的团队协助、团队互助等意识； 2. 培养学生自我学习的习惯和能力； 3. 培养学生的科学精神和态度。

通过对前面模块单元的学习，让我们对公路工程的计量支付理论知识有了基本的了解。那计量支付的具体操作到底是怎么样的呢？下面让我们走进模块5，一起了解计量支付软件的相关知识。

单元5.1　信息化时代下的公路工程计量

在工程数字化建设大潮的不断推动下，公路工程计量支付管理软件也随之兴起。计量支付管理软件的发展经历了从单一的管理功能软件（造价软件、计量支付软件等）到综合性项目管理系统再到云平台的过程，逐步实现了将合同管理、计量支付、进度管理、质量管理、文档管理等功能集成形成一个系统，可以更加有效地实现项目管理的整体目标。

公路工程计量支付软件是利用计算机技术对计量支付过程进行控制，充分发挥信息技术的优势，最大限度地支持、帮助完成计量与支付工作，可及时地进行工程项目中的合同管理、计量支付管理及汇总分析等工作。其特点有以下几个方面。

1. 严格规范的计量支付流程

鉴于以往计量支付报表格式不统一、监理审批手续不严谨、业主监控手段不完善等情况，易使计量数据出现偏差、统计不准确。通过使用计量支付软件，制订规范的工作流程，明确各级使用权限，严格依照合同协议，并参考FIDIC条款，编制计量、变更、支付程序，对整个计量支付工作进行全方位管理，不仅可准确、高效生成计量数据，还使计量支付流程合理化、规范化。

2. 功能强大、实用的计量支付管理

计量支付软件集计量支付、工程变更管理、计量支付台账、竣工结算于一体，使工程投资的动态管理得以实现。其共建立合同工程量数据库、施工图设计数据库、实际计量支付数据库3个数据库，这三者之间相互联系，通过该功能实现了计量支付台账管理的功能，随时可查询任一分项工程的计量支付情况，有效地防止了多计、重计、少计、漏计的现象，同时也为后续竣工文件的编制及结算打下良好的基础。

3. 责权分明的岗位负责机制

岗位责任制是加强管理的重要手段之一，在公路工程管理中更需要明确权责。计量支付管理软件可以自动保存不同权限拥有者的不同数据，全过程记录计量支付业务数据。

每一岗位都是通过设置各自的密码来划分各自的责权范围，不同的权限只能查看和读取与之相对应权限的数据，从事相关的操作，从而实现了真正意义上的责权分明，使计量支付管理工作有序、高效、准确、及时。此外，系统自动判定是否超计量，实现投资的合理利用。

承包人通过系统身份确认后，在"云上"填写中间计量支付月报表，完成对计量工程的申报，然后上传至"云平台"。驻地办通过系统身份确认后在"云平台"上可直接审核承包人的中间计量支付月报表，审核后直接提交给业主审核。业主通过系统身份确认后对驻地办审核后的中间计量支付月报表进行核查，审核通过后可直接由承包人在"云平台"上导出并打印胶装。

各级别权限不同对数据操作也不一样，业主在"云平台"上对用户身份进行确认并赋予相应的操作权限，从而保证数据的安全可靠，避免由于个别用户擅自修改计量数据造成的损失。同时"云平台"还有自动记录操作电脑的 IP 地址和操作时间的功能，从而防止有人恶意篡改系统数据，以免造成损失。在使用过程中，岗位的职权及其权限由业主委派专人进行统一管理，一旦设定，其他任何岗位人员都无法更改，只能按照业主赋予的相应权限对计量支付进行操作。

相较于传统手工计量，信息化时代下的数字计量，拥有了更加多元且高效的结算方式。

单元5.2　计量支付软件

一、常见计量支付软件介绍

近年来，交通运输部提出在工程建设领域推广现代工程建设管理理念，提出"发展理念人本化、项目管理专业化、工程施工标准化、管理手段信息化、日常管理精细化"。工程项目的管理专业化、管理手段的信息化，均对工程管理提出了更高的要求。为满足这一需求，工程项目管理软件应运而生，并得到广泛的应用。

如在工程设计制图上有如 AUTODESK、鲁班等，在工程预算造价中，有广联达、智多星等，在工程计量支付这一块，也有诸如计支宝云平台、纵横计量支付结算决算软件、同望计量支付系统等。下面，我们选取市场上几种主流计量支付软件带来进行计量支付具体操作的学习。

1. 计支宝云平台

计支宝工程信息化管理云平台是基于大数据 IT 运维的 SAAS（全称 Software-as-a-Service，意为软件即服务，即通过网络提供软件服务）工程项目管理云平台，计支宝科技有限公司致力于打造工程建设行业项目管理云平台,并拥有双软认证、高新企业认证和20多项国家软件著作权等众多荣誉,先后为全国8000多个项目提供了项目信息化管理、GIS + BIM、移动管理等服务,涉及公路、市政、地铁建设、房建、港航、水利水运、铁路等工程。

计支宝工程信息化管理云平台,采用互联网、物联网、云计算、卫星导航及BIM建模等多领域技术,为工程建设项目提供了在线资金管控、质量控制、安全管理、现场管理、资料档案管理、大数据分析预警等一系列良好、化繁为简、多项目多层级的快捷功能,涵盖国内高速公路、二级公路、农村公路、市政道路、地铁、房建等工程项目的信息化管理需求。

计支宝工程信息化管理云平台是一款以合同清单为基础,施工单位以结算周期为节点,将该项目本周期内完成的进度款对应的工程量、计量证据等现场资料等基础数据上传,参建单位(监理人、业主和审计方)同时在线进行审核的一款在线协同的结算平台。系统对过程中产生的数据,经过一系列存储、分析、转换、处理、整合后形成规范的过程计量支付报表和结算台账。

(1)产品主要作用有以下几方面:

①替代计算过程中的手工计算,解决各种资料文档不规范的问题,从而提高工作效率,降低工作失误;

②参建单位多方同时在线协同办公,降低沟通成本,提高工作效率;

③避免施工过程中变更签证资料繁杂、易丢失、与结算脱节等问题,从而提高参建各方的结算信任度,降低矛盾审计环节各方之间的矛盾;

④解决手工计量易产生的超计、漏计、重复计量等问题,降低管理风险;

⑤参建各方同时在线,数据云端储存,从而避免因为人员异动产生文件丢失的问题。

(2)产品优势有以下几方面:

①国内领先的过程结算SAAS平台,操作简单,易学易用;

②验工计价,强制通过质量安全资料审批后才允许计量;

③超量预警,计量控制不超过核算量;

④实时生成报表数据和审批签字,报表格式自定义;

⑤一键查看多周期、多合同段、多项目结(决)算台账;

⑥短信通知包括质量安全进度等工程全方面信息;

⑦手机App同步Web端功能。

2. 纵横计量支付结算决算软件

纵横计量支付结算决算软件,解决"从计量支付到结算决算"的工程数据管理,实现从"概算—计量—决算"的公路工程全过程动态管理,基于大数据、云计划进行开发,提供SAAS平台服务,使计量支付结算决算数字化、智慧化、信息化。

纵横计量支付结算决算软件能快速准确建立各类台账,满足各维度计量(清单计量、0号台账计量、比例计量)要求,做到标准化,规范化,精细化管理。能合理地控制工程建设投资及全过程跟踪审计,维护参建各方合法权益。适用于公路、房建、市政、轨道等工程建设。

3. 同望计量支付系统

同望计量支付系统,应用智慧工地现场管理技术,深化项目管理协同平台,通过客户端、Web端、移动App端+云平台(三端一云)实现全面的组织协调。其中,系统以合同管理为重心,投资成本为核心,进度计划为主线,综合质量与安全管理,采用移动、物联网、智能硬件等技术手段的碎片化管理工具,实现作业数据采集自动化、监管可视化、分析智能化,满足建设项目管理过程中智能化、数据化、可视化、精细化需求。满足建设单位、监理单位、施工单位多方应用需求。其核心优势有以下三方面。

(1)三端一云架构。平台采用"三端一云"架构,支持BIM客户端、Web端、移动物联端三端办公,同时支持部署云端存储(公有云、私有云或混合云),实现采集自动化、监管可视化、分析智能化。

(2)动态监控投资执行,实时预警。以项目概算为基础,将概算、预算、合同、结算、支付等数据进行关联,根据工程进度动态对比、分析,实时了解项目投资的执行进度。

(3)工程计量多方协同,流程规范,程序合规。建立业主、监理人、承包人等多方协作工作平台,适用多种承发包模式下的多种计量方式,计量支付全过程实时监控,动态透明,程序合规。

二、计量支付完整流程及术语解释

1. 计量支付完整流程

由项目建设单位,即发包人添加项目,并对发包人和用户进行信息维护和功能授权;同时添加合同,并根据合同对参建单位及参建单位用户信息维护和功能授权,再根据合同实际情况对合同的计量、变更进行审核流程配置。

由发包方维护各合同的工程量清单、合同费用条款并维护报表模板,根据计量实际情况建立计量周期,根据周期内清单工程量的变更情况,进行合同的清单计量和变更计量,并依据相应的审核流程进行审核,根据报表模板最终形成一期完整的计量支付报表。

2. 专业术语解释

(1)新建项目:添加项目,并对项目进行基本信息的配置与维护;
(2)新建合同:添加合同,对项目下所有的合同进行基本信息的配置与维护;
(3)业主单位:即项目的发包人,也就是项目的建设单位;
(4)业主用户:业主单位下负责该项目一应事务的相关人员;
(5)参建单位:合同的乙方,也即项目相应的承包人、监理人、设计方等;
(6)参建用户:参建单位下负责该项目合同一应事务的相关人员;
(7)用户授权:为业主用户和参建用户授权项目合同和系统菜单权限;
(8)工程量清单:施工承包方签署合同时的项目合同段工程量清单,可通过Excel导入;
(9)合同费用:工程量清单之外,无法通过计量进行结算的合同费用;
(10)计量流程:为合同配置相应的计量审批流程,并添加相应审批人;
(11)变更流程:为合同配置相应的变更审批流程及相应审批人,包括变更通知/变更申请/变更令流程;
(12)变更管理:根据项目实际进展情况,对合同约定之外的工程量进行相应变更,包括变更通知/变更申请/变更令;
(13)添加周期:根据发包人与承包人约定,进行工程计量的月份或周期;

(14)添加计量:基于周期对完成工程量进行详尽的计量管理,包括合同的清单计量和变更计量;

(15)审核计量:基于计量流程,对本周期的计量数据进行审核;

(16)标准报表:根据公路工程项目特征整理出来的标准报表模板;

(17)输出报表:审核结束后,根据报表模板和计量数据自动生成一套完整计量报表。

参 考 文 献

[1] 交通运输部. 公路工程标准施工招标文件(2018版)[M]. 北京:人民交通出版社股份有限公司,2018.
[2] 交通运输部. 公路工程建设项目造价文件管理导则:JTG 3810—2018[S]. 北京:人民交通出版社股份有限公司,2018.
[3] 交通运输部. 公路工程建设项目概算预算编制办法:JTG 3830—2018[S]. 北京:人民交通出版社股份有限公司,2018.
[4] 交通运输部. 公路工程概算定额:JTG/T 3831—2018[S]. 北京:人民交通出版社股份有限公司,2018.
[5] 交通运输部. 公路工程预算定额:JTG/T 3832—2018[S]. 北京:人民交通出版社股份有限公司,2018.
[6] 交通运输部职业资格中心. 交通运输工程技术与计量[M]. 北京:人民交通出版社股份有限公司,2021.
[7] 交通运输部职业资格中心. 交通运输工程造价案例分析[M]. 北京:人民交通出版社股份有限公司,2021.
[8] 舒国明. 公路工程计量与支付[M]. 2版. 北京:人民交通出版社股份有限公司,2020.
[9] 俞素平,孙莉萍,徐筱婷. 公路工程定额与造价[M]. 4版. 北京:人民交通出版社股份有限公司,2019.

论文摘要

目录
CONTENTS

学习任务单 1 …………………………………………………………………… 001
学习任务单 2 …………………………………………………………………… 009
学习任务单 3 …………………………………………………………………… 015
学习任务单 4 …………………………………………………………………… 019
学习任务单 5 …………………………………………………………………… 023
学习任务单 6 …………………………………………………………………… 027
学习任务单 7 …………………………………………………………………… 045
学习任务单 8 …………………………………………………………………… 063
学习任务单 9 …………………………………………………………………… 069

学习任务单1

任务名称：桥梁工程工程量清单的编制　　　　**参考课时**：2

姓名：_____　　　　**班级**：_____　　　　**学号**：_____

一、任务描述

通过对桥梁工程工程量清单的学习，在熟悉、掌握工程量清单概述，工程量清单的组成、作用和特点，以及工程量清单编制等前提下，开展桥梁工程工程量清单的编制任务。

二、参考材料

(1)主教材"模块2　公路工程工程量清单"相关内容。

(2)参考书籍：现行《公路工程标准施工招标文件》(2018年版)、《建设工程工程量清单计价规范》(GB 50500)、《公路工程预算定额》(JTG/T 3382)。

(3)"湖北1+8城市圈出口路某高速公路工程建设项目"工程量清单实例。

湖北1+8城市圈出口路某高速公路工程建设项目第一合同段拟修建一座预应力混凝土连续刚构桥(图1-1)，桩号K5+800，桥跨组合为3×30m+60m+2×100m+60m+3×30m，桥梁全长505.5m，半幅桥梁宽度为12.5m。其中，30m跨为预制预应力混凝土连续箱梁。基础为陆上钻孔灌注桩，采用回旋钻机施工，连续刚构桥主墩(单墩)为每排3根，6排共18根ϕ1.5m桩，ϕ1.5m桩平均设计桩长为63m；过渡墩(单墩)为每排2根共4根ϕ1.2m桩，桥台及预制箱梁段均为2根ϕ1.2m桩，ϕ1.2m桩平均设计桩长为28m。主墩承台尺寸为7.5m×11.5m×3m，均为干处施工。连续刚构上部结构采用悬臂浇筑法施工，最大块件的混凝土体积为50m³，混凝土均采用泵送施工。连续刚构上部现浇段长度为10m，两岸过渡墩高度均为10m，两岸桥台的高度均为6m。

经查阅施工图，K5+800大桥主要工程数量(半幅)见表1-1。

K5+800大桥主要工程数量(半幅)　　　　表1-1

部位	序号	工程项目名称	单位	各工程项目数量
基础	一	桩基		
	1	ϕ1.50m桩(陆上)地质结构		18根，63m
	其中	砂、黏土	m	69
	其中	砂砾	m	871.4
	其中	软石	m	175.5
	其中	次坚石	m	18.1
	2	ϕ1.20m桩(陆上)地质结构		20根，28m (2×3+4+4+2×3=20)

续上表

部位	序号	工程项目名称	单位	各工程项目数量
基础	其中	砂、黏土	m	66.8
	其中	砂砾	m	333.2
	其中	软石	m	160
	3	灌注桩混凝土	m³	2637.3
	4	灌注桩钢筋(光圆钢筋)	t	82.896
	5	灌注桩钢筋(带肋钢筋)	t	35.527
	二	承台		
	6	承台封底混凝土 C25	m³	341
	7	承台混凝土 C30	m³	1376.3
	8	承台钢筋(光圆钢筋)	t	24.017
	9	承台钢筋(带肋钢筋)	t	10.05
上部	一	悬浇连续刚构		
	1	墩顶 0 号块混凝土(C40)	m³	537
	2	0 号块钢筋(光圆钢筋)	t	52.99
	3	0 号块钢筋(带肋钢筋)	t	13.247
	4	箱梁混凝土(C40)	m³	2621.4
	5	现浇箱梁钢筋(光圆钢筋)	t	217.628
	6	现浇箱梁钢筋(带肋钢筋)	t	93.269
	二	预制 30m 箱梁		
	1	预制箱梁混凝土(C50)	m³	1176.8
	2	箱梁钢筋(光圆钢筋)	t	62.175
	3	箱梁钢筋(带肋钢筋)	t	145.075
	三	钢绞线(后张法)		
	1	束长 120m 内 22 孔锚具束数	t/束	91.097/76
	2	束长 80m 内 19 孔锚具束数	t/束	39.46/68
	3	束长 40m 内 3 孔锚具束数(单锚)	t/束	14.64/338
	4	束长 40m 内 19 孔锚具束数	t/束	11.184/40
附属	一	搭板		
	1	现浇搭板混凝土(C30)	m³	96.3
	2	现浇搭板钢筋(光圆钢筋)	t	3.123
	3	现浇搭板钢筋(带肋钢筋)	t	2.082

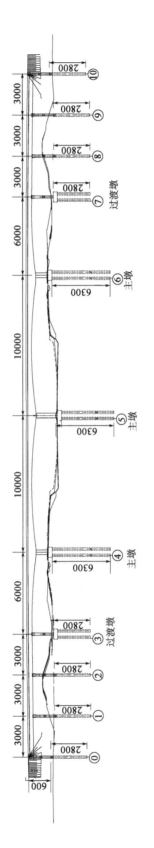

图1-1 K5+800立面示意图(尺寸单位：cm)

三、任务目标

对于上述实例,如果你是一名计量工程师,如何完成本项目的桥梁工程工程量清单的编制工作?

四、任务实施

1. 任务地点及时间

(1)任务地点:_____。

(2)任务时间:20____年____月____日~20____年____月____日,共计2课时。

2. 任务组织形式

(1)全班统一任务,在教师的指导下分小组进行;

(2)指导教师:每班有指导老师1名;

(3)任务小组由3~5人组成,相互配合,共同完成任务;

(4)小组进行任务分析;

(5)查找资料学习;

(6)利用多媒体课件现场教学;

(7)每个小组根据学习内容编制工程量清单;

(8)小组讨论,对编制的工程量清单进行修改完善;

(9)小组选派代表,对编制的工程量清单进行讲解。

3. 任务要求

(1)根据任务资料,完成案例项目桥梁工程工程量清单的编制;

(2)遇到问题时小组内进行讨论,可让教师参与讨论,通过团队合作获取解决问题的方法;

(3)每组完成任务并提交装订整齐的任务报告;

(4)加强沟通协调,养成认真负责、严谨细致的工作态度,既要有独立思考的能力,又要有团队合作的意识。

4. 任务纪律

(1)为了保证任务获得良好效果,小组成员必须严格遵守各项纪律,发扬团结友爱、互相帮助的精神,克服困难,认真踏实地进行任务。

(2)注意安全,杜绝事故发生。

(3)不能擅自单独行动,外出时必须向指导教师请假。

(4)任务期间严格考勤,不准无故请假。对违纪学生,指导教师有权取消其任务资格,不评定其任务成绩。

5. 任务注意事项

(1)清单编制应符合统一性和一致性要求。工程量清单的编号、项目、单位等要求与技术规范中的计量与支付要求相统一,从而保证与施工合同的严密性和前后一致性。

(2)合理划分工程细目。在工程细目划分时,应参考《公路工程标准施工招标文件》(2018年版),避免重、漏项。注意将不同等级要求的工程区分开;将同一性质但不属于同一部位的工程区分开;将情况不同可能要进行不同报价的项目区分开。

(3)适度划分工程细目。工程细目的划分要适度,工程细目大,可减少计算工作量,但过大就难以发挥单价合同的优势,不便于工程变更的处理;工程细目小,则会增加计算工程量,影响工作进程。

(4)熟悉图纸及规范,工程量的计算、整理要细致准确。计算和整理工程量要依据设计图纸和技术规范进行,这是一项严谨的技术工作,绝不是简单地罗列设计文件中的工程量。要认真阅读合同及工程量清单计量规则中的计量和支付方法,仔细核查设计文件中工程量所对应计量方法与"工程量清单计量规则"中的计量方法是否一致,如不一致,则需在整理工程量时进行技术处理。此外,在工程量的计算过程中,要做到不重不漏,更不能发生计算错误。

五、任务解析

参考《公路工程标准招标文件》(2018版)第五章根据主要项目工程量表及分部分项划分原则将桥梁工程工程量清单进行分解,注意工程量表单位与清单单位的换算,清单中钢筋部分单位一般为kg。但后续套用定额时,需注意定额单位与清单单位之间的换算。请完成表1-2的填写。(参考答案见任务单二维码1-1)

任务单二维码1-1
参考答案

桥梁工程工程量清单分解　　　　　　表1-2

子目号	子目名称	单位	数量	备注

续上表

子目号	子目名称	单位	数量	备注

桥梁工程工程量清单按子目号顺序整理。请完成表 1-3 的填写。(参考答案见任务单二维码 1-1)

桥梁工程工程量清单整理表 表 1-3

子目号	子目名称	单位	数量	单价	金额

六、任务评价标准

任务成绩按优、良、中、及格、不及格 5 个档次进行评定。任务结束后,由指导教师根据学生在任务中的表现,从以下几个方面综合评定其成绩:

(1)任务态度:包括任务期间学生对任务内容的刻苦钻研精神、在遵守任务纪律及尊师重教等方面的表现;

(2)学生对知识的掌握程度,以及运用知识正确分析和解决问题的能力;

(3)完成任务的质量;

(4)任务报告编写的情况。

评分依据:按任务成果质量(60%)、任务期间表现(20%)和任务纪律(20%)进行综合评分。

学习任务单 2

任务名称：公路工程中期计量与支付报表的编制　　　　**参考课时**：4

姓名：_____　　　　**班级**：_____　　　　**学号**：_____

一、任务描述

通过学习公路工程计量与支付的相关知识，掌握工程量清单、合同费用、变更、索赔和价格调整等计量与支付，开展一期中期计量与支付报表的编制。

二、参考材料

(1) 本教材"模块 3　公路工程计量与支付"相关内容。

(2) 参考书籍：现行《公路工程标准施工招标文件》(2018 年版)、《建设工程工程量清单计价规范》(GB 50500)、《公路工程预算定额》(JTG/T 3382)。

(3) "湖北 1+8 城市圈出口路某高速公路工程建设项目"实例。

湖北 1+8 城市圈出口路某高速公路工程建设项目，本项目按四车道高速公路标准修建，设计速度采用 100km/h，主线路基宽 26m，第一合同段的主要工程有：大桥 1092.2m/2 座，独立涵洞 10 道，互通式立交 1 处(葛店互通)，分离式立交 952.89m/2 处，通道 9 道，天桥 2 座，匝道收费站 1 处。主要工程量：路基土石方 118 万 m^3，路面基层 75 万 m^2，下面层 72 万 m^2，中上面层 85 万 m^2。项目 2020 年 10 月 1 日开工，至 2020 年 10 月 31 日，完成部分工程数量见表 2-1 和表 2-2。根据签约合同标价工程量清单，编制第一期公路工程中期计量与支付报表，申请计量与支付相关已完工程内容。工期为 24 个月。该项目规定以月为计量与支付周期，最小支付限额为 200 万元人民币。

2020.10.1～2020.10.31，2022 年 10 月完成工程量如下：

(1) 路基部分。完成两段路基的清表、挖方、填方，具体数量及桩号见表 2-1。

本期路基完成部分工程数量　　　　表 2-1

项目内容	单位	K0+000～K0+300	K1+000～K1+650
清理与掘除	m^2	7510.65	12463.8
挖土方	m^3	10476	7538
利用土方	m^3	9031	6498
借土填筑	m^3	0	44641

(2) 桥梁部分：完成杨家湾大桥 0 号台左 0-1 及左 0-2 桩基、2 号墩左 2-1 及左 2-2 桩基，经查找，图纸对应的工程数量见表 2-2。

K8+050 杨家湾大桥分项工程数量计算表(基础部分)　　　　　表2-2

项目名称	编号	桩径(m)	部位	每根桩基钢筋型号及桩基长度(m)					合计工程数量
				钢筋规格(mm)	φ10	φ20	φ22	φ25	
				钢筋密度(kg/m)	0.617	2.47	2.98	3.85	
桩基	0	φ1.2	左0-1	HPB 钢筋(kg)	459.4				283
				HRB 钢筋(kg)		37.6	470.4		1494
				桩长(m)					22
			左0-2	HPB 钢筋(kg)	459.4				283
				HRB 钢筋(kg)		37.6	470.4		1494
				桩长(m)					22
桩基（水中桩）	2	φ1.5	左2-1	HPB 钢筋(kg)	716.7				442
				HRB 钢筋(kg)			65.7	637	2648
				水中钻孔桩长(m)					27.6
			左2-2	HPB 钢筋(kg)	716.7				442
				HRB 钢筋(kg)			65.7	637	2648
				水中钻孔桩长(m)					27.6

（3）涵洞部分。K5+830 钢筋混凝土盖板暗涵(1-3.0m×3.0m)，长度45m，该盖板暗涵完成基础及下部结构部分。

（4）2020年10月进场材料一览表如表2-3所示。

2020年10月进场材料一览表　　　　　表2-3

材料编号	材料名称	规格型号	单位	数量	单价
SN-PO-4	水泥 P.O42.5	P.O42.5	t	742.680	450.00
GJ-Y-8	光圆钢筋	φ8	t	4.585	3400.00
GJ-L-22	带肋钢筋	φ22	t	34.870	3350.00

三、任务目标

对于上述实例，如果你是一名计量工程师，如何完成本期（2020年10月）计量与支付申报工作？

四、任务实施

1. 任务地点及时间

（1）任务地点：_____。

（2）任务时间：20____年____月____日~20____年____月____日，共计4课时。

2. 任务组织形式

（1）全班统一任务，在教师的指导下分小组进行；

（2）指导教师：每班有指导老师1名；

(3)任务小组由3~5人组成,相互配合,共同完成任务;

(4)小组进行任务分析;

(5)查找资料学习;

(6)利用多媒体课件,现场教学;

(7)每个小组根据学习内容编制公路工程中期计量与支付报表;

(8)小组讨论,对编制的公路工程中期计量与支付报表进行修改完善;

(9)小组选派代表,对编制的公路工程中期计量与支付报表进行讲解。

3.任务要求

(1)根据任务资料,完成一期公路工程中期计量与支付报表的计算和编制;

(2)遇到问题时小组内进行讨论,可让教师参与讨论,通过团队合作获取问题的解决方法;

(3)每组完成任务并提交装订整齐的任务报告;

(4)加强沟通协调,养成认真负责、严谨细致的工作态度;既要有独立思考的能力,又要有团队合作的意识。

4.任务纪律

(1)为了保证任务获得良好效果,小组成员必须严格遵守各项纪律,发扬团结友爱、互相帮助的精神,克服困难,认真踏实地进行任务。

(2)注意安全,杜绝事故发生。

(3)不能擅自单独行动,外出时必须向指导教师请假。

(4)任务期间严格考勤,不准无故请假。对违纪学生,指导教师有权取消其任务资格,不评定其任务成绩。

5.任务注意事项

(1)要熟悉案例项目的计量与支付管理办法。

(2)熟悉计量与支付的依据性文件(例如合同文件、中标工程量清单、现场实际完成数量、监理工程师签署的各类证书等)。

(3)熟悉案例项目的计量与支付流程及相关规定(时间、内容、程序)。

(4)熟悉各个计量与支付报表之间的关联。

(5)认真校核计量与支付报表。

五、任务解析

(1)收集计量与支付的依据,如合同文件、中标工程量清单(见主教材单元2.4下的标价工程量清单案例即【案例2-3】)。

(2)熟悉计量与支付流程及本项目规定(时间、内容、程序,见主教材图3-1)。

(3)准备计量与支付的表格,熟悉表格关系(参考主教材二维码3-1所示中期支付月报样表)。

(4)第一期工作除了案例中实际完成工程量(第200章及第400章内容)之外,第100章部分内容也可以申请计量与支付。根据案例给出资料整理第100章、第200章和第400章可以申报支付内容,如表2-4、表2-5所示(假定给出计量数量正确且质量合格)。

第100章 第一期支付内容统计

表 2-4

子目号	子目名称	单位	项目专用本对第100章支付规定	第一期计量比例	数量
101	通则				
101-1	保险费				
-a	按合同条款规定,提供建筑工程一切险	总额	根据保险公司的保单经监理人签证后支付	100%	1
-b	按合同条款规定,提供第三者责任险	总额		100%	1
102	工程管理				
102-1	竣工文件	总额	监理人验收合格后一次性支付	0	0
102-2	施工环保费	总额	子目费用每三分之一工期支付总额的30%,交工验收证书签发支付,支付总额的10%	30%	0.3
102-3	安全生产费	总额	子目费用由监理人发出开工通知后支付总额的50%;剩余按安全生产管理办法执行	50%	0.5
102-4	信息化系统				
-a	工程管理软件系统(不含发包人提供的工程管理软件)	总额	经监理人验收后,支付监理人确认的实际金额的90%;交工验收证书签发之后,支付剩余的10%	90%	0.9
-b	发包人提供的工程管理软件(暂估价)	总额		90%	0.9
103-1	临时道路修建、养护与拆除(包括原道路的养护费)				
-a	新建便道	总额	临时工程完工后,由监理人验收合格后分期支付,所报总额的80%,应在第1次至第4次进度付款证书中,以4次等额予以支付;所报总价中余下的20%,待交工验收证书颁发后支付	20%	0.2
-b	利用或改建便道	总额		20%	0.2
-c	原有道路恢复费	总额		20%	0.2
103-2	临时工程用地	总额		20%	0.2
103-3	临时供电设施架设、维修与拆除	总额		20%	0.2
103-4	电信设施的提供、维修与拆除	总额		20%	0.2
103-5	供水与排污设施	总额		20%	0.2
104-1	承包人驻地建设(含工地试验室、预制场及拌和场及堆放场地标准化建设)	总额	驻地建设完成后,经监理人现场核实,以总额计量,支付子目所报总价的90%,应在第1~3次进度付款证书中,以3次等额支付,余下的10%,应在承包人驻地建设已经移走和清除,并经监理人验收合格时予以支付	30%	0.3

第 200 章～第 400 章　第一期支付完成工程内容统计　　　　　表 2-5

子目号	项目名称	桩号	单位	数量
202-1	清理与掘除	K0+000～K0+300	m²	7510.65
202-1	清理与掘除	K1+000～K1+650	m²	12463.8
203-1-a	挖土方	K0+000～K0+300	m³	10476
203-1-a	挖土方	K1+000～K1+650	m³	7538
204-1-b	利用土方	K0+000～K0+300	m³	9031
204-1-b	利用土方	K1+000～K1+650	m³	6498
204-1-e	借土填方	K1+000～K1+650	m³	44641
403-1-a	基础光圆钢筋（HPB235、HPB300）	K8+050 杨家湾大桥 0 号台左 0-1 桩基	kg	283
403-1-b	基础带肋钢筋（HRB400）	K8+050 杨家湾大桥 0 号台左 0-1 桩基	kg	1494
405-1-b	陆上灌注桩（桩径φ1.2m）	K8+050 杨家湾大桥 0 号台左 0-1 桩基	m	22
403-1-a	光圆钢筋（HPB235、HPB300）	K8+050 杨家湾大桥 0 号台左 0-2 桩基	kg	283
403-1-b	带肋钢筋（HRB400）	K8+050 杨家湾大桥 0 号台左 0-2 桩基	kg	1494
405-1-a-1	陆上灌注桩（桩径φ1.2m）	K8+050 杨家湾大桥 0 号台左 0-2 桩基	m	22
403-1-a	基础光圆钢筋（HPB235、HPB300）	K8+050 杨家湾大桥 2 号墩左 2-1 桩基	kg	442
403-1-b	基础带肋钢筋（HRB400）	K8+050 杨家湾大桥 2 号墩左 2-1 桩基	kg	2648
405-1-b-4	水中灌注桩（桩径φ1.5m）	K8+050 杨家湾大桥 2 号墩左 2-1 桩基	m	27.6
403-1-a	基础光圆钢筋（HPB235、HPB300）	K8+050 杨家湾大桥 2 号墩左 2-2 桩基	kg	442
403-1-b	基础带肋钢筋（HRB400）	K8+050 杨家湾大桥 2 号墩左 2-2 桩基	kg	2648
405-1-b-4	水中灌注桩（桩径φ1.5m）	K8+050 杨家湾大桥 2 号墩左 2-2 桩基	m	27.6
420-1-f	钢筋混凝土盖板暗涵（1-3.0m×3.0m）	K5+830 长度 45m，本期完成基础和下部结构。根据招标文件项目专业本涵洞基础完成支付 20%，下构完成支付 30%，全部完成验收合格再支付剩余部分	m	45×0.5

（5）编制步骤（学生通过老师给予的表格模板进行编制，下列支表的电子版通过二维码查看）。

第一步：准备计量与支付报表（支表 1～支表 9）。

第二步：整理本期完成工作内容，在标价的工程量清单中找到对应的支付细目。

任务单二维码 2-1
支付报表模板

第三步：编制完成《中间计量表》（支表 6）。

第四步：编制完成《中间计量汇总表》（支表 3），从支表 4 中读取工程量，从标价的工程量清单读取对应单价。

第五步：编制完成《清单计量报表（含变更）》（支表 2）、从支表 3 中读取每个支付子目的数量、单价，计算出本期应支付金额；从标价的工程量清单中读取对应合同总工程量及金额。

第六步:编制完成《变更工程一览表》(支表5)、《单价变更一览表》(支表6)、《材料进场一览表》(支表7)、《材料预付款扣回一览表》(支表8)、《扣回开工预付款一览表》(支表9)。

第七步:汇总到每个章节,完成《中期支付证书》(支表1),支表1中数据部分从支表2、7、8、9中读取,部分从投标报价汇总表(主教材表2-16)读取。

(6)根据上述步骤完成第一期计量与支付报表。

(7)根据项目计量与支付流程和时间及时申报。

(8)××建设项目第×合同段第一期计量与支付报表目录如表2-6所示。

××建设项目第×合同段第一期计量与支付报表目录　　表2-6

序号	内容
1	封面
2	支表1　会签表
3	支表2　中期计量与支付证书
4	支表3　合同内清单计量与支付表
5	支表4　变更清单计量与支付表
6	支表5　中间计量汇总表
7	支表6　中间计量表
8	支表7　材料进场一览表
9	支表8　材料预付款扣回一览表
10	支表9　扣回开工预付款一览表

六、任务评价标准

任务成绩按优、良、中、及格、不及格5个档次进行评定。任务结束后,由指导教师根据学生在任务中的表现,从以下几个方面综合评定其成绩:

(1)任务态度:包括任务期间学生对任务内容的刻苦钻研精神、在遵守任务纪律及尊师重教等方面的表现;

(2)学生对知识的掌握程度,以及运用知识正确分析和解决问题的能力;

(3)完成任务的质量;

(4)任务报告编写的情况。

评分依据:按任务成果质量(60%)、任务期间表现(20%)和任务纪律(20%)进行综合评分。

学习任务单 3

任务名称：第 200 章 路基工程的工程量计算　　　　参考课时：1

姓名：＿＿＿＿＿＿　　　班级：＿＿＿＿＿＿　　　学号：＿＿＿＿＿＿

一、任务描述

通过学习"第 200 章 路基工程"计量规则和计量方法，熟练掌握"第 200 章 路基工程"的计量单位、计算方法等内容，开展路基工程的工程量计算。

二、参考材料

(1) 本教材"模块 4 公路工程工程量清单计量规则"单元 4.3 相关内容。

(2) 参考书籍：现行《公路工程标准施工招标文件》(2018 年版)、现行《建设工程工程量清单计价规范》(GB 50500)、《公路工程预算定额》(JTG/T 3382)。

(3) "湖北 1＋8 城市圈出口某高速公路工程建设项目第一合同段"实例。

湖北 1＋8 城市圈出口路某高速公路工程建设项目第一合同段的 K1＋100～K1＋270 土方工程，既有填方，又有挖方，路基土方计算表见表 3-1，请按清单模式进行挖方、填方工程量计算。

路基土方计算表　　　　　　　　　　　　　　　表 3-1

桩号	距离	填土			挖土					
		断面积 (m²)	平均断面积 (m²)	体积 (m³)	断面积 (m²)	平均断面积 (m²)	体积 (m³)	土质		
								松土 (m³)	普通土 (m³)	硬土 (m³)
K1＋110		24.867			1.115					
	20		27.063	541.250		1.624	32.470	12.988	16.235	3.247
K1＋130		29.258			2.132					
	20		28.011	560.210		1.633	32.660	13.064	16.33	3.266
K1＋150		26.763			1.134					
	20		25.672	513.440		1.796	35.920	14.368	17.96	3.592
K1＋170		24.581			2.458					
	20		24.898	497.960		2.644	52.880	21.152	26.44	5.288
K1＋190		25.215			2.830					
	20		27.064	541.270		4.189	83.780	33.512	41.89	8.378
K1＋210		28.912			5.548					
	20		29.568	591.360		4.882	97.640	39.056	48.82	9.764
K1＋230		30.224			4.216					
	20		30.725	614.500		3.869	77.370	30.948	38.685	7.737
K1＋250		31.226			3.521					
	20		30.226	604.510		3.167	63.330	25.332	31.665	6.333
K1＋270		29.225			2.812					
体积合计 (m³)			4464.500					190.42	238.025	47.605
							476.050			

注：根据路基土方计算表，挖土：松土 190.42、普通土 238.025 m³、硬土 47.605 m³。

015

三、任务目标

根据上述资料,如果你是一名计量工程师,如何完善本期(2020年11月)路基部分清单完成工程量,并在表3-2中进行填写,完成本期计量申报工作。

计量清单　　　　　　　　　　　　　　　　　　表3-2

子目号	子目名称	单位	工程量	备注
203-1-a	挖土方	m³		
204-1-a	利用土方	m³		
204-1-d	借土填方	m³		

四、任务实施

1. 任务地点及时间

(1)任务地点:_____。

(2)任务时间:20____年____月____日~20____年____月____日,共计1课时。

2. 任务组织形式

(1)全班统一任务,在教师的指导下分小组进行;

(2)指导教师:每班有指导老师1名;

(3)任务小组由3~5人组成,相互配合,共同完成任务;

(4)小组进行任务分析;

(5)查找资料学习;

(6)利用多媒体课件现场教学;

(7)每个小组根据学习内容进行路基工程量计算;

(8)小组讨论,对路基工程量计算的结果进行修改完善;

(9)小组选派代表,对路基工程量计算的整个过程进行讲解。

3. 任务要求

(1)根据任务资料,完成路基工程的工程量计算;

(2)遇到问题时小组内进行讨论,可让教师参与讨论,通过团队合作获取解决问题的方法;

(3)每组完成任务并提交装订整齐的任务报告;

(4)加强沟通协调,养成认真负责、严谨细致的工作态度;既要有独立思考的能力又要有团队合作的意识。

4. 任务纪律

(1)为了保证任务获得良好效果,小组成员必须严格遵守各项纪律,发扬团结友爱、互相帮助的精神,克服困难,认真踏实地进行任务。

(2)注意安全,杜绝事故发生。

(3)不能擅自单独行动,外出时必须向指导教师请假。

(4)任务期间严格考勤,不准无故请假。对违纪学生,指导教师有权取消其任务资格,不评定其任务成绩。

5.任务注意事项

(1)要熟悉路基工程挖方及填方的工程量清单计量规则,掌握平均断面面积法计算土石方工程量;

(2)要熟悉路基工程挖方及填方的工程量清单细目对应的工作内容,以及不需计量的附属工作。

五、任务解析

(1)查阅图纸,并查看《公路工程标准施工招标文件》(2018年版)、现行《建设工程工程量清单计价规范》(GB 50500);

(2)了解相关清单子目号计量规则;

(3)根据任务材料将相关清单子目工程量进行完善;

(4)收集计量与支付的依据,如合同文件、中标工程量清单(见单元2.3 标价工程量清单)、现场实际完成数量、监理工程师签署的各类证书等。

任务单二维码3-1
参考答案

六、任务评价标准

任务成绩按优、良、中、及格、不及格5个档次进行评定。任务结束后,由指导教师根据学生在任务中的表现,从以下几个方面综合评定其成绩:

(1)任务态度:包括任务期间学生对任务内容的刻苦钻研精神、在遵守任务纪律及尊师重教等方面的表现;

(2)学生对知识的掌握程度,以及运用知识正确分析和解决问题的能力;

(3)完成任务的质量;

(4)任务报告编写的情况。

评分依据:按任务成果质量(60%)、任务期间表现(20%)和任务纪律(20%)进行综合评分。

学习任务单4

任务名称:第300章 路面的工程量计算 **参考课时**:1

姓名:_____ **班级**:_____ **学号**:_____

一、任务描述

通过学习"第300章 路面工程"计量规则和计量方法,熟练掌握"第300章 路面工程"的计量单位、计算方法等内容,开展路面工程的工程量计算。

二、参考材料

(1)本教材"模块4 公路工程工程量清单计量规则"单元4.4的相关内容。

(2)参考书籍:《公路工程标准施工招标文件》(2018年版)、现行《建设工程工程量清单计价规范》(GB 50500)、《公路工程预算定额》(JTG/T 3382)。

(3)"湖北1+8城市圈出口路某高速公路工程建设项目第一合同段"实例。

湖北1+8城市圈出口路某高速公路工程建设项目第一合同段K31+800~K33+100的路基、路面横断面见图4-1。其底基层为厚度$d_1=16cm$的水泥稳定土,基层为厚度$d_2=36cm$(上基层和下基层均为18cm)的水泥稳定碎石;面层分为3层:下面层为厚度$d_3=8cm$的粗粒式沥青混合料,中面层为厚度$d_4=6cm$的改性沥青混合料,上面层为厚度$d_5=4cm$的细粒式改性沥青混合料,路缘石宽30cm,2020年10月完成该段左幅路面铺设工作。

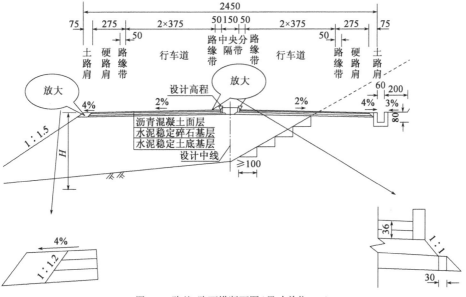

图4-1 路基、路面横断面图(尺寸单位:cm)

三、任务目标

根据上述资料,如果你是一名计量工程师,如何完善本期(2021年10月)路面部分清单完成工程量,并填写在表4-1中,完成本期(2021年10月)计量申报工作。

K31+800~K33+100 左幅路面工程计量表　　　　表 4-1

子目号	子目名称	单位	计量工程量	备注
304-1-c	底基层 16cm 厚水泥稳定土	m²		按顶面面积计量
304-3-b	基层厚 18cm 水泥稳定碎石	m²		
311-1-a	厚 4cm 细粒式改性沥青混合料上面层	m²		
309-3-a	厚 8cm 粗粒式沥青混合料下面层	m²		
311-2-a	厚 6cm 改性沥青混合料中面层	m²		

四、任务实施

1. 任务地点及时间

(1) 任务地点:_____。

(2) 任务时间:20____年____月____日~20____年____月____日,共计1课时。

2. 任务组织形式

(1) 全班统一任务,在教师的指导下分小组进行;

(2) 指导教师:每班有指导老师1名;

(3) 任务小组由 3~5 人组成,相互配合,共同完成任务;

(4) 小组进行任务分析;

(5) 查找资料学习;

(6) 利用多媒体课件现场教学;

(7) 每个小组根据学习内容进行路面工程的计算;

(8) 小组讨论,对路面工程量计算结果进行修改完善;

(9) 小组选派代表,对路面工程量计算的整个过程进行讲解。

3. 任务要求:

(1) 根据任务资料,完成路面工程的工程量计算;

(2) 遇到问题时小组内进行讨论,可让教师参与讨论,通过团队合作获取解决问题的方法;

(3) 每组完成任务并提交装订整齐的任务报告;

(4) 加强沟通协调,养成认真负责、严谨细致的工作态度,既要有独立思考的能力,又要有团队合作的意识。

4. 任务纪律

(1) 为了保证任务获得良好效果,小组成员必须严格遵守各项纪律,发扬团结友爱、互相帮助的精神,克服困难,认真踏实地进行任务。

(2)注意安全,杜绝事故发生。

(3)不能擅自单独行动,外出时必须向指导教师请假。

(4)任务期间严格考勤,不准无故请假。对违纪学生,指导教师有权取消其任务资格,不评定其任务成绩。

5.任务注意事项

(1)要熟悉路面工程的工程量清单计量规则;

(2)要熟悉路面工程工程量清单细目对应的工作内容,以及不需计量的附属工作。

五、任务解析

(1)查阅图纸,并查看《公路工程标准施工招标文件》(2018年版)、现行《建设工程工程量清单计价规范》(GB 50500);

(2)了解相关清单子目号计量规则;

(3)根据任务材料将相关清单子目工程量进行完善;

(4)收集计量与支付的依据,如合同文件、中标工程量清单(见主教材单元2.3 标价工程量清单)、现场实际完成数量、监理工程师签署的各类证书等;

(5)熟悉计量与支付流程及本项目规定(时间、内容、程序,见主教材图3-1);

(6)准备申报本期工程量。

任务单二维码4-1
参考答案

六、任务评价标准

任务成绩按优、良、中、及格、不及格5个档次进行评定。任务结束后,由指导教师根据学生在任务中的表现,从以下几个方面综合评定其成绩:

(1)任务态度:包括任务期间学生对任务内容的刻苦钻研精神、在遵守任务纪律及尊师重教等方面的表现;

(2)学生对知识的掌握程度,以及运用知识正确分析和解决问题的能力;

(3)完成任务的质量;

(4)任务报告编写的情况。

评分依据:按任务成果质量(60%)、任务期间表现(20%)和任务纪律(20%)进行综合评分。

学习任务单5

任务名称:第400章 桥梁的工程量计算　　　　参考课时:1

姓名:_____　　班级:_____　　学号:_____

一、任务描述

通过学习"第400章 桥梁工程"计量规则和计量方法,熟练掌握"第400章 桥梁工程"的计量单位、计算方法等内容,开展桥梁工程的工程量计算。

二、参考材料

(1)本教材"模块4 公路工程工程量清单计量规则"单元4.5的相关内容。

(2)参考书籍:《公路工程标准施工招标文件》(2018年版)、现行《建设工程工程量清单计价规范》(GB 50500)、《公路工程预算定额》(JTG/T 3382)。

(3)"湖北1+8城市圈出口路某高速公路工程建设项目第一合同段"实例。

某桥梁1号墩柱水下钻孔灌注桩,工程数量见表5-1,参数见表5-2。桩基布置图如图5-1所示。

1号墩桩基钢筋数量表　　　　　表5-1

编号	直径(mm)	单根长(cm)	根数(1根桩)	总长(m)	单位质量(kg/m)	总质量(kg)
1	25	3391.7	36	1221	3.85	4700.8
3	20	593.7	17	100.9	2.47	249.2
5	8	98659	1	986.6	0.395	389.7
6	16	49	68	33.3	1.58	52.6

参数表　　　　　表5-2

墩号	参数				
	h	a	b	c	d
1	3390	36	17	68	98659
2	3890	36	19	76	113652
3	3890	36	19	76	113652
4	2790	36	14	56	80666

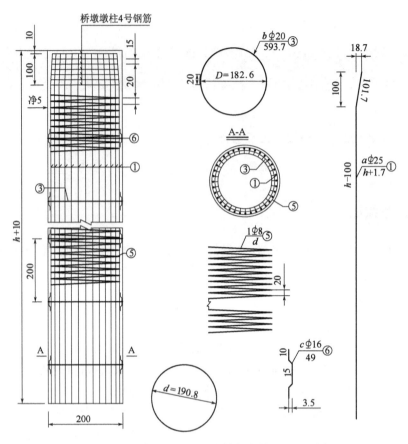

图 5-1　桩基布置图(尺寸以 cm 为单位,钢筋以 mm 为单位)

三、任务目标

根据上述资料,如果你是一名计量工程师,如何完善本期(2021 年 11 月)桥梁部分清单的完成工程量,并填写在表 5-3 中,完成本期(2021 年 11 月)计量申报工作。

××桥 1 号墩桩基清单计量表　　　　　　　　　表 5-3

子目号	子目名称	单位	计量工程量	备注

四、任务实施

1. 任务地点及时间

(1)任务地点:_____。

(2)任务时间:20____年____月____日~20____年____月____日,共计 1 课时。

2.任务组织形式

(1)全班统一任务,在教师的指导下分小组进行;

(2)指导教师:每班有指导老师1名;

(3)任务小组由3~5人组成,相互配合,共同完成任务;

(4)小组进行任务分析;

(5)查找资料学习;

(6)利用多媒体课件现场教学;

(7)每个小组根据学习内容进行桥梁工程工程量计算;

(8)小组讨论,对桥梁工程工程量计算结果进行修改完善;

(9)小组选派代表,对桥梁工程工程量计算的整个过程进行讲解。

3.任务要求

(1)根据任务资料,完成桥梁工程的工程量计算;

(2)遇到问题时小组内进行讨论,可让教师参与讨论,通过团队合作获取解决问题的方法;

(3)每组完成任务并提交装订整齐的任务报告;

(4)加强沟通协调,养成认真负责、严谨细致的工作态度;既要有独立思考的能力,又要有团队合作的意识。

4.任务纪律

(1)为了保证任务获得良好效果,小组成员必须严格遵守各项纪律,发扬团结友爱、互相帮助的精神,克服困难,认真踏实地进行任务。

(2)注意安全,杜绝事故发生。

(3)不能擅自单独行动,外出时必须向指导教师请假。

(4)任务期间严格考勤,不准无故请假。对违纪学生,指导教师有权取消其任务资格,不评定其任务成绩。

5.任务注意事项

(1)要熟悉桥梁工程的工程量清单计量规则;

(2)要熟悉桥梁工程的工程量清单细目对应的工作内容,以及不需计量的附属工作。

五、任务解析

(1)查阅图纸,并查看《公路工程标准施工招标文件》(2018年版)、现行《建设工程工程量清单计价规范》(GB 50500);

(2)了解相关清单子目号计量规则;

(3)根据任务材料将相关清单子目工程量进行完善;

(4)收集计量与支付的依据,如合同文件、中标工程量清单(见主教材单元2.3标价工程量清单)、现场实际完成数量、监理工程师签署的各类证书等;

(5)熟悉计量与支付流程及本项目规定(时间、内容、程序,见主教材图3-1);

(6)准备申报本期工程量。

任务单二维码5-1
参考答案

六、任务评价标准

任务成绩按优、良、中、及格、不及格 5 个档次进行评定。任务结束后,由指导教师根据学生在任务中的表现,从以下几个方面综合评定其成绩:

(1)任务态度:包括任务期间学生对任务内容的刻苦钻研精神、在遵守任务纪律及尊师重教等方面的表现;

(2)学生对知识的掌握程度,以及运用知识正确分析和解决问题的能力;

(3)完成任务的质量;

(4)任务报告编写的情况。

评分依据:按任务成果质量(60%)、任务期间表现(20%)和任务纪律(20%)进行综合评分。

学习任务单6

任务名称:学习和使用计量与支付软件　　　　参考课时:2

姓名:_____　　班级:_____　　学号:_____

一、任务描述

本任务基于实际工作岗位需求,聚焦于工程项目施工过程中计量与支付的管理,旨在提高学生在施工过程中进行计量与支付的实践能力。本任务将围绕清单计量、变更管理、清单分项等核心问题开展实践活动,活动过程控制及结果分析由专门的软件程序协助教师完成。

二、参考材料

(1)主教材"模块5　计量与支付软件简介"相关内容。
(2)计支宝云平台(用360极速浏览器打开 https://www.jizhibao.com.cn/)。
(3)计支宝云平台操作教学视频(请扫右侧任务单二维码6-1、二维码6-2)。

任务单二维码6-1
计支宝云平台操作
教学视频1

三、任务目标

通过计支宝公路工程计量与支付云平台开展计量与支付实际操作教学。通过模拟工程项目上真实的工作情境,让学生在"身临其境"的状态下,综合运用所学知识亲自参与到工程计量与支付的全过程当中,亲自动手解决工程项目中可能出现的实际问题,以此来强化计量与支付理论知识体系,提高实践操作能力和综合素质,进而提升就业竞争优势。

任务单二维码6-2
计支宝云平台操作
教学视频2

四、任务实施

1.任务地点及时间

(1)任务地点:_____。
(2)任务时间:20____年____月____日~20____年____月____日,共计2课时。

2.任务组织形式

(1)全班统一任务,在教师的指导下分小组进行;
(2)指导教师:每班有指导老师1名;
(3)任务小组由3人组成,相互配合,共同完成任务;
(4)在规定的时间内,由学生模拟建设单位、监理单位和施工单位的不同岗位角色,组建若干个项目团队,完成模拟的工程计量与支付过程,体验建设单位、监理单位和施工单位在计量与支付过程中的各项工作,挖掘工程计量与支付的本质;

(5)小组进行任务分析;

(6)查找资料学习;

(7)利用多媒体课件,教师带领教学;

(8)每个小组根据学习内容展开实操;

(9)小组讨论,对操作步骤进行确认,并输出报表。

3. 任务要求

(1)根据任务案例资料,在系统内完成一期计量与支付报表的输出;

(2)遇到问题时小组内进行讨论,可让教师参与讨论,通过团队合作获取解决问题的方法;

(3)每组编制完成任务并提交装订整齐的任务报告;

(4)加强沟通协调,养成认真负责、严谨细致的工作态度,既要有独立思考的能力,又要有团队合作的意识。

4. 任务纪律

(1)为了保证任务获得良好效果,小组成员必须严格遵守各项纪律,发扬团结友爱、互相帮助的精神,克服困难,认真踏实地进行任务。

(2)注意安全,杜绝事故发生。

(3)不能擅自单独行动,外出时必须向指导教师请假。

(4)任务期间严格考勤,不准无故请假。对违纪学生,指导教师有权取消其任务资格,不评定其任务成绩。

5. 任务注意事项

(1)熟悉系统操作手册,及教学视频等学习资料;

(2)掌握计支宝云平台的基本流程和操作;

(3)了解合同条款及工程量清单的基本内容;

(4)掌握计量的相关计算操作和需要提供的附件资料;

(5)熟悉计量与支付报表的样式及逻辑关系。

6. 任务案例资料

资料1:系统操作导航见表6-1。

系统操作导航　　　　　　　　　　　　表6-1

序号	操作清单	操作角色	操作依据	完成请打"√"
一	清单计量操作:			
1	登录建设单位账号	发包人		□
2	完成项目配置	发包人	工程概况	□
3	完成合同配置	发包人	合同概况	□
4	推送报表	发包人		□
5	添加参建用户并授权	发包人		□

续上表

序号	操作清单	操作角色	操作依据	完成请打"√"
6	设置计量及变更审批流程	发包人	审批流程说明	□
7	导入原始工程清单	发包人	合同工程量清单	□
8	设置合同费用条款	发包人	合同费用条款	□
9	登陆施工单位账号	承包人		□
10	新建计量周期	承包人		□
11	添加计量清单,并上传计量附件资料	承包人	本期计量意向表、计量附件相关资料	□
12	审核计量清单	承包人		□
13	提交计量周期给下一级审核	承包人		□
14	登录监理单位账号,审核并提交周期	监理人		□
15	登录建设单位账号,审核并提交周期	发包人		□

资料2:系统登录界面及功能分区介绍。

(1)用360浏览器(极速模式)或谷歌(Chrome)浏览器,在网址栏中输入:edu.gl.jizhibao.com.cn进入到登录界面,见图6-1。

图 6-1

(2)登录账号,进入到平台功能区,见图6-2。

功能区介绍如下:

A区:系统最左侧功能菜单导航区;

B区:系统中间树形功能条目导航区(清单、类别、部位等);

C1区:系统右上方的菜单功能的业务工具和按钮;

C2区:系统右下方的菜单功能的业务功能展示区;

D区(如有):C区右侧的其他功能区域。

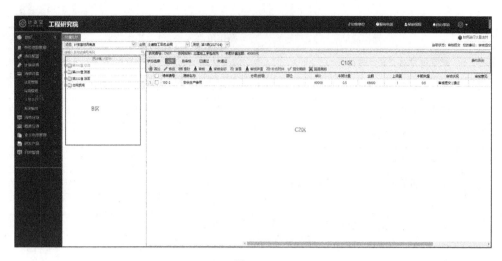

图 6-2

资料3:清单计量操作流程。

(1)建项目

进入主页后点击主目录"项目配置"(A区)下拉子目录"项目配置",在右边工具栏C1区点击"添加",在弹出的对话框内填写项目信息,红色部分为必填内容,创建项目,如图6-3所示。

图 6-3

例:项目编号:JZBXZGS
项目名称:计支宝香马冲至周家湾段改建工程
项目类型:高速公路
建设单位:湖南高速建设有限公司
开工日期:2020/9/22
完工日期:2020/10/22

(2)建合同

①点击主目录"项目配置"下拉子目录"合同配置",在 C1 区"项目"下拉框中选择刚添加的项目,如图 6-4 所示。

图 6-4

②点击 C1 区"合同列表",并在 B 区选择需要建立的合同类别,如施工合同,点击"添加"按钮,在弹出的对话框中填写合同信息(红色为必填项),支付类型选择"清单计量",点击"保存"创建合同,如图 6-5 所示。

图 6-5

例:合同编号:01

合同名称:施工合同

支付类型:清单计量

乙方单位:计支宝宇达建设工程有限公司

监理单位:计支宝衡云公路工程咨询监理有限责任公司

开始时间:2020/9/22

结束时间:2020/10/22

(3)推送报表

点击主目录"项目配置"下拉子目录"合同配置",依次进行"单位报表→项目报表→合同报表"的报表推送。在C1区右侧的"报表类型"选择"清单计量",勾选会签表、中期支付证书、清单计量表、合同清单计量与支付表、变更清单计量与支付表、合同费用明细表、中间计量表、中间计量汇总表、中间计量统计表,点击"导入"即可完成报表推送,如图6-6所示。

图 6-6

(4)添加参建用户并授权

a:添加施工用户,并授权合同及菜单。

a-1:点击主目录"项目配置"下拉子目录"单位用户",在C1区选择"参建用户",在"单位"下拉框中选择施工单位,点击"添加",在弹出的对话框中填写用户信息(红色为必填项,且用户名以字母和数字组合),点击"保存"完成用户添加,如图6-7所示。

例:用户名:xzgs-sg01;姓名:施工计量员;密码:123456。

a-2:点击授权合同的"编辑",在弹出对话框中,勾选合同,点击"保存"完成合同授权,如图6-8所示。

a-3:点击菜单授权的"授权",在弹出对话框中,勾选菜单,点击"推送用户"并确定,即可完成菜单授权,如图6-9所示。

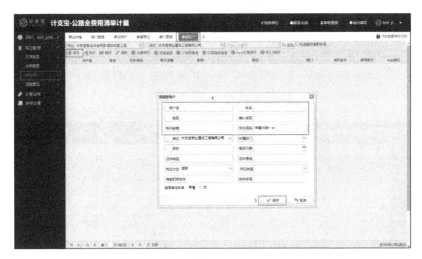

图 6-7

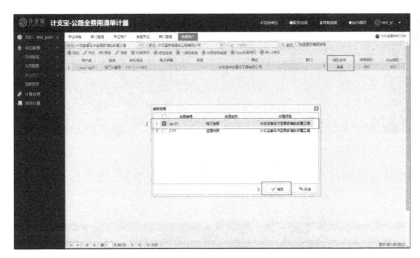

图 6-8

图 6-9

b:添加监理用户,并授权合同及菜单。

b-1:点击主目录"项目配置"下拉子目录"单位用户",在 C1 区选择"参建用户",在"单位"下拉框中选择监理单位,点击"添加",在弹出的对话框中填写用户信息(红色为必填项,且用户名以字母和数字组合),点击"保存"完成用户添加,如图 6-10 所示。

例:用户名:xzgs-jl01;姓名:监理审查员;密码:123456。

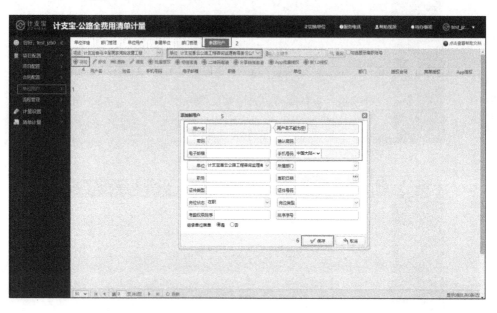

图 6-10

b-2:点击授权合同的"编辑",在弹出对话框中,勾选合同,点击"保存"完成合同授权,如图 6-11 所示。

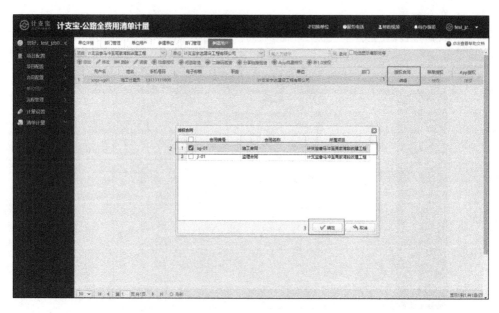

图 6-11

b-3：点击菜单授权的"授权"，在弹出对话框中，勾选菜单，点击"推送用户"并确定，即可完成菜单授权，如图6-12所示。

图 6-12

(5) 建审批流程

点击主目录"项目配置"下拉子目录"流程管理"，在C1区点击"计量流程"，选择需要计量的合同并点击"添加"，在弹出对话框中输入"身份"并勾选该身份对应的账号，点击"确定"，如图6-13所示。

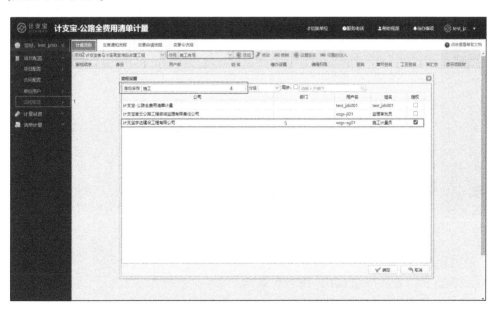

图 6-13

审批流程顺序根据"1-施工→2-监理→3-业主"的顺序依次添加，如图6-14所示。

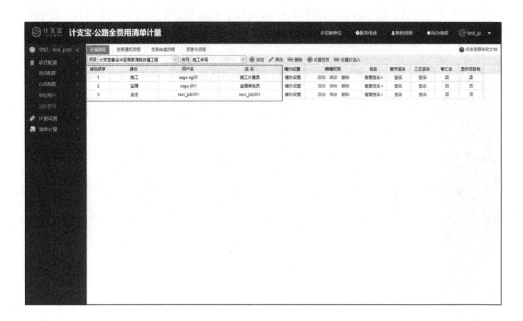

图 6-14

(6)导原始清单

点击主目录"计量设置"下拉子目录"原始清单管理",在 C1 区工具栏选择"导入 EX-ECL",选择需要导入的清单,点击"保存"完成清单导入,如图 6-15 所示。(注意清单的格式要与系统的要求一致,格式参考右上方红色"中标清单参考样式")

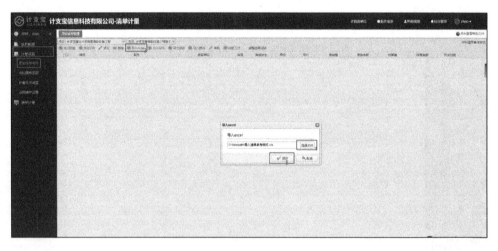

图 6-15

(7)建周期

a:切换施工计量员(xzgs-sg01)账号登录。

b:点击主目录"清单计量"下拉子目录"周期管理",点击"添加"添加需计量的周期,如图 6-16 所示。

c:选中当前周期,点击"上报数据"即可完成周期添加,如图 6-17 所示。

图 6-16

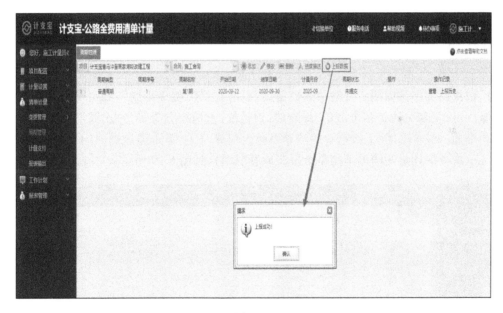

图 6-17

(8)做计量

a:点击主目录"清单计量"下拉子目录"计量与支付",选择周期,并选择需计量的合同清单,点击"添加"输入需计量的数目及相关信息,点击"保存"即可完成一项清单的计量。

例:第200章 路基

路基挖方—挖除非适用材料

桩号:K0+000-K1+000

分项部位:K0+000-K1+000 全幅

图号:第二册 P21-P26
交工证书:JGZS123
工程量:100
计算式:挖除非适用材料数量统计表见附件一,中间交工证书见附件二,如图 6-18 所示。

图 6-18

b:依次添加完该周期所有清单的计量后,点击 C1 区"提交周期",即可完成该周期的清单计量(一次周期可计量多个清单,保险费,预付款,土地挖方等等,一次周期计量里的清单可以单个通过或者退回,上级通过的清单下级无权修改,上级未通过退回的清单,下级可以修改。一次周期计量的清单不能单个提交或者退回),如图 6-19 所示。

图 6-19

c：提交当前周期后，当前状态显示监理，意思为提交的计量周期表到达<u>监理账户</u>，需等待监理<u>审批</u>，如图 6-20 所示。

图 6-20

（9）审批计量

按三级审批流程（1 级施工计量，2 级监理审批，3 级业主终审）进行报审。

a：监理审批。

登陆监理账户 xzgs-jl01，点击主目录"清单计量"下拉子目录"计量与支付"，选择需审核的清单列表，点击"审核"或者"审核全部"进行审核操作。

a-1：如计量无误，可单个选择，或者全选"通过"，并填写审核意见，点击"保存"即可完成监理审核，点击"提交周期"将流程提交业主审核，如图 6-21 所示。

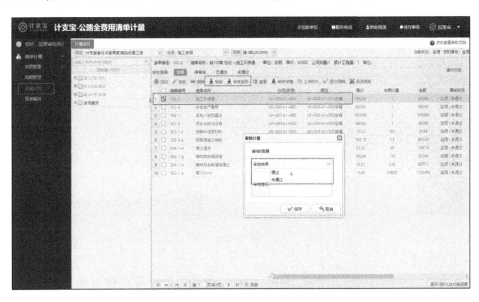

图 6-21

a-2：若计量有误，可单个选择，或者全选"未通过"，并填写审核意见，点击"保存"即可完成监理审核，点击"退回周期"将流程退回施工重新计量，如图6-22所示。

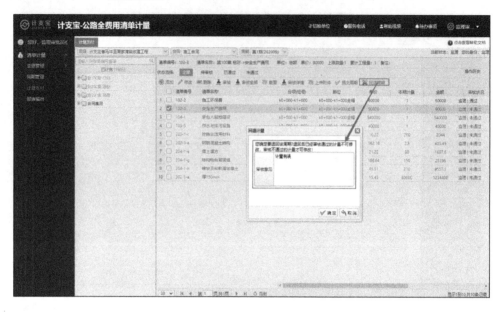

图 6-22

a-3：全部清单审核通过，并全部提交周期后，当前状态显示业主，意思为提交的计量周期表到达业主账户，需等待业主审批，如图6-23所示。

图 6-23

b：业主审批。

点击主目录"清单计量"下拉子目录"计量与支付"，选择需审核的清单列表，点击"审核"或者"审核全部"进行审核操作。

b-1：如计量无误，可单个选择，或者全选"通过"，并填写审核意见，点击"保存"即可完成业主审核，如图6-24所示。

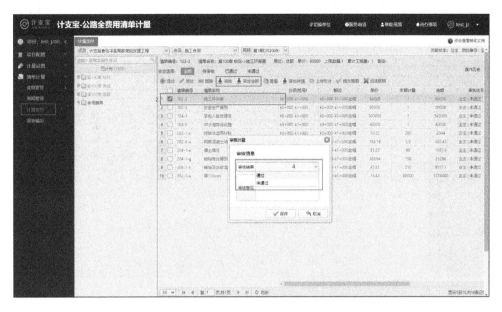

图 6-24

b-2：若计量有误，可单个选择，或者全选"未通过"，并填写审核意见，点击"保存"即可完成业主审核，点击"退回周期"将流程退回上一级审核，如图6-25所示。

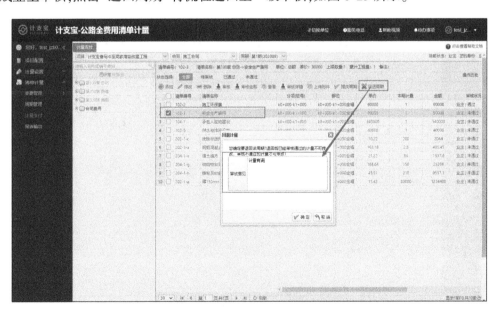

图 6-25

(10) 导出、打印报表，签字存档

审批通过后，施工用户点击主目录"清单计量"，选择"报表输出"，选择所需要的报表打印、导出。打印后交予各部门签字，业主签字后，方可提交该周期，便可进行下周期的计量

(业主提交后,则不可逆),如图 6-26 所示。

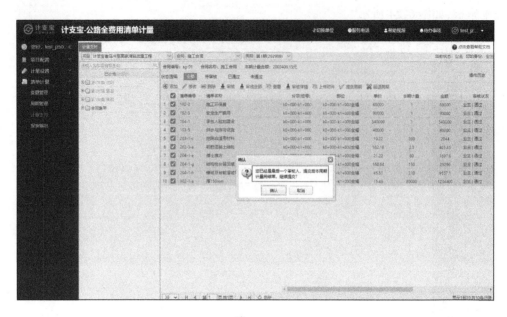

图 6-26

①计量报表输出。

第一步:点击 A 区"清单计量"主菜单展开后,点击"报表输出"进入报表管理页面,见图 6-27。

图 6-27

第二步:在 C1 区切换"项目""合同"和"周期",并根据实际情况查看"报表",可在 C1 区点击"生成"在 C2 区生成报表预览;点击"预览"可预览报表打印预览版;点击"导出"可导出当前报表的 Excel 版本在本地保存,见图 6-28。

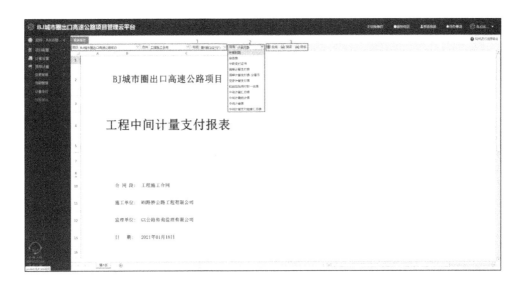

图 6-28

②计量与支付报表组成。

a. 中间计量表:理论上没做一条计量,则会形成一条计量单,对应一张中间计量表,该表会记录计量的清单信息,以及计算式、图片、审核意见等。

b. 中间计量统计表:将所有的中间计量表进行统计,展现在一张表中,每一行展示一条计量单。

c. 中间计量汇总表:在中间计量表的基础上,精简压缩,按照清单汇总,每条清单的本期完成量形成一行,汇总清单下所有计量单。

d. 清单计量与支付表:根据工程量清单统计并显示本期、上期和累计完成工程量和金额,并汇总所有章节金额,亦可根据章节单独汇总;清单计量与支付表包括合同内的合同清单计量与支付表和合同外的变更清单计量与支付表。

e. 合同清单计量与支付表:统计和汇总合同内的工程量清单并显示本期、上期和累计完成工程量和金额。

f. 变更清单计量与支付表:统计和汇总合同外变更的工程量清单并显示本期、上期和累计完成工程量和金额。

g. 中期支付证书:汇总并显示本期、上期和累计完成的工程量清单金额、合同费用以及其他费用。

h. 会签表:汇总并显示本期完成的工程量清单金额、合同费用以及其他费用,并附上相关责任人的审核意见和签字。

i. 封面:展示项目、合同、单位信息以及计量周期,为整册计量与支付报表的封面。

五、任务评价标准(表6-2)

任务评价标准　　　　　　　　　表6-2

评价维度	评价内容	出勤率(7分)	参与率(8分)	软件(50分)
1	平时表现 (65分)	本项共7分,本次实训,集中在实验室教学,严格考勤,按时作息,一般不允许请假。 无故缺席或迟到者,缺席或迟到一次扣1分,扣完7分为止; 若遇特殊情况,需写请假条报院领导批准,无假条则按缺勤处理,出现一次扣1分,扣完7分为止; 出勤率为零者,本门课程成绩为零	本项共8分,实训期间,需准时完成平台演练和实训报告。推迟一天未上交扣1分,扣完8分为止;推迟两周未上交,本门课程成绩为零	本项共50分,实训期间,老师会带着学生利用教学软件进行计量与支付的实际操作,每位学生都需要分别扮演发包人、监理人和承包人,并分别从发包人、监理人和承包人的角度进行操作考核评定。 (1)发包人考核:20分 ①建项目考核:2分 ②建合同考核:3分 ③建用户考核:2分 ④建流程考核:2分 ⑤计量设置考核:3分 ⑥审核计量清单:4分 ⑦审核附件:2分 ⑧做变更:2分 (2)承包人考核:20分 ①建周期考核:3分 ②做计量:5分 ③审核计量清单:4分 ④审核附件:4分 ⑤导出报表:4分 (3)监理人考核:10分 ①审核计量清单:4分 ②审核附件:6分
2	输出成果 (35分)	清单计量报表 ①计量封面:5分 ②会签表:5分 ③中期支付证书:5分 ④清单计量与支付表:5分 ⑤中间计量汇总表:5分 ⑥中间计量统计表:5分 ⑦中间计量表:5分		

学习任务单7

任务名称：清单计量　　　　　**参考课时**：2

姓名：_____　**班级**：_____　**学号**：_____

一、任务描述

通过学习和使用计支宝云平台,基于项目实例,完成一期清单计量操作。

二、参考材料

(1) 计支宝云平台(用360极速浏览器打开 https://www.jizhibao.com.cn/)。

(2) 计支宝云平台操作教学视频(请扫任务单二维码6-1、二维码6-2)。

(3) 计支宝清单计量操作手册(请扫任务单二维码7-1)。

任务单二维码7-1
计支宝清单计量操作手册

三、任务目标

根据给定的案例资料以及教学资源等,完成案例中一期实体工程的计量与支付。

四、任务实施

1. 任务地点及时间

(1) 任务地点：_____。

(2) 任务时间：20____年____月____日~20____年____月____日,共计2课时。

2. 任务组织形式

(1) 全班统一任务,在教师的指导下分小组进行；

(2) 指导教师：每班有指导老师1名；

(3) 学生自行组成3人小组,分别模拟发包人、承包人、监理人身份登录计支宝云平台；

(4) 小组进行任务分析；

(5) 查找资料学习；

(6) 利用多媒体课件,现场教学；

(7) 每个小组根据学习内容展开实操；

(8) 小组讨论,对操作步骤进行确认,并输出报表。

3. 任务要求

(1) 根据任务资料，在系统内完成一期计量与支付报表的输出。

(2) 遇到问题时小组内进行讨论，可让教师参与讨论，通过团队合作获取解决问题的方法；

(3) 每组完成任务并提交装订整齐的任务报告。

(4) 加强沟通协调，养成认真负责、严谨细致的工作态度，既要有独立思考的能力，又要有团队合作的意识。

4. 任务纪律

(1) 为了保证任务获得良好效果，小组成员必须严格遵守各项纪律，发扬团结友爱、互相帮助的精神，克服困难，认真踏实地进行任务。

(2) 注意安全，杜绝事故发生。

(3) 不能擅自单独行动，外出时必须向指导教师请假。

(4) 任务期间严格考勤，不准无故请假。对违纪学生，指导教师有权取消其任务资格，不评定其任务成绩。

5. 任务注意事项

(1) 熟悉系统操作手册，及教学视频等学习资料；

(2) 掌握计支宝云平台的基本流程和操作；

(3) 了解合同条款及工程量清单的基本内容；

(4) 掌握计量的相关计算操作和需要提供的附件资料；

(5) 熟悉计量与支付报表的样式及逻辑关系。

6. 任务案例资料

资料1：工程概况。

(1) 工程名称：计支宝大桥

(2) 工期要求：16 周

(3) 工程承包范围和内容：工程文件中所包含的所有内容及临时甲方的变更要求

(4) 工程造价：8323044 元

(5) 建设单位：_____

资料2：工程模型（图7-1）。

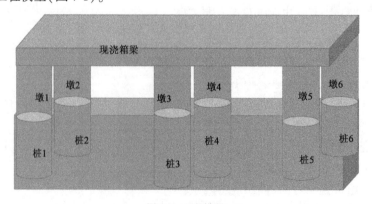

图7-1 工程模型

资料3:施工合同。

第一部分　合同协议书

　　_____(建设单位名称,以下简称"发包人")为实施计支宝大桥(项目名称),已接受_____(施工单位名称,以下简称"承包人")对该项目 01 合同段施工的投标。发包人和承包人共同达成如下协议。

　　1. 第 01 合同段由 K02+145 至 K02+255,长约 0.11 km,公路等级为公路Ⅰ级,设计速度为 80km/h,大中桥 1 座,计长 110 m。

　　2. 下列文件应视为构成合同文件的组成部分:

　　(1)本协议书及各种合同附件(含评标期间和合同谈判过程中的澄清文件和补充资料);

　　(2)中标通知书;

　　(3)投标函及投标函附录;

　　(4)项目专用合同条款;

　　(5)公路工程专用合同条款;

　　(6)通用合同条款;

　　(7)技术规范;

　　(8)图纸;

　　(9)已标价工程量清单;

　　(10)承包人有关人员、设备投入的承诺及投标文件中的施工组织设计;

　　(11)其他合同文件。

　　3. 上述文件互相补充和解释,如有不明确或不一致之处,以合同约定次序在先者为准。

　　4. 根据工程量清单所列的预计数量和单价或总额价计算的签约合同价:人民币(大写)捌佰叁拾贰万叁仟零肆拾肆元(￥8323044)。

　　5. 承包人项目经理:_____。承包人项目总工:_____。

　　6. 工程质量符合交工验收合格,竣工验收优良标准。

　　7. 承包人承诺按合同约定承担工程的实施、完成及缺陷修复。

　　8. 发包人承诺按合同约定的条件、时间和方式向承包人支付合同价款。

　　9. 承包人应按照监理人指示开工,工期为 120 日历天。

　　10. 本协议书在承包人提供履约担保后,由双方法定代表人或其委托代理人签署并加盖单位章后生效。全部工程完工后经交工验收合格、缺陷责任期满签发缺陷责任终止证书后失效。

　　11. 本协议书正本两份、副本两 份,合同双方各执正本一份,副本一 份,当正本与副本的内容不一致时,以正本为准。

　　12. 合同未尽事宜,双方另行签订补充协议。补充协议是合同的组成部分。

法定代表人　　　　　　　　　　　　　　法定代表人
或其委托代理人:_____(签字)　　　　或其委托代理人:_____(签字)
____年___月___日　　　　　　　　　　____年___月___日

第二部分 通用合同条款

"通用合同条款"采用中华人民共和国《公路工程标准施工招标文件》(2018年版)(人民交通出版社股份有限公司出版)"通用合同条款"。

第三部分 专用合同条款

一、项目专用合同条款数据表(表7-1)

说明:本数据表是项目专用合同条款中适用于本项目的信息和数据的归纳与提示,是项目专用合同条款的组成部分。第九章"投标文件格式"的投标函附录中的数据(供投标人确认)与本表所列有重复。编写招标文件的单位应仔细校核,不使数据出现差错或不一致。

项目专用合同条款数据表　　　　表7-1

序号	条目号	信息或数据
1	1.1.2.2	发包人： 地　址：　　　　　　邮政编码：
2	1.1.2.6	监理人： 地　址：　　　　　　邮政编码：
3	1.1.4.5	缺陷责任期:自实际交工日期起计算2年
4	1.6.3	图纸需要修改和补充的,应由监理人取得发包人同意后,在该工程或工程相应部位施工前7天签发图纸修改图给承包人
5	3.1.1	监理人在行使下列权力前需要经发包人事先批准： (6)根据第15.3款发出的变更指示,其单项工程变更涉及的金额超过了该单项工程签约时合同价的10%或累计变更超过了签约合同价的20%
6	5.2.1	发包人是否提供材料或工程设备:是 如发包人负责提供部分材料或工程设备,相关规定如下:详见合同专用条款
7	6.2	发包人是否提供施工设备和临时设施:否 如发包人负责提供部分施工设备和临时设施,相关规定如下:/
8	8.1.1	发包人提供测量基准点、基准线和水准点及其书面资料的期限:签订合同后60天内承包人将施工控制网资料报送监理人审批的期限:按监理指令时间
9	11.5(3)	逾期交工违约金:1万元/天
10	11.5(3)	逾期交工违约金限额:5%签约合同价
11	11.6	提前交工的奖金:另行协商
12	11.6	提前交工的奖金限额:另行协商

续上表

序号	条目号	信息或数据
13	15.5.2	承包人提出的合理化建议降低了合同价格或者提高了工程经济效益的,发包人按所节约成本的<u>另行协商</u>%或增加收益的<u>另行协商</u>%给予奖励
14	16.1	□因物价波动引起的价格调整按照第<u>16.1.1</u>项<u>或</u>第<u>16.1.2</u>项约定的原则处理;若按第16.1.1项的约定采用价格调整公式进行调价,每<u>半年或一年</u>按价格调整公式进行一次调整 ☑合同期内不调价
15	17.2.1(1)	开工预付款金额:<u>10</u>%签约合同价
16	17.2.1(2)	材料、设备预付款比例:按专用合同条款执行
17	17.3.2	承包人在每个付款周期末向监理人提交进度付款申请单的份数:<u>6</u>份
18	17.3.3(1)	进度付款证书最低限额:<u>100</u>万元
19	17.3.3(2)	逾期付款违约金的利率:<u>0.1</u>‰/天
20	17.4.1	质量保证金金额:<u>当期支付额的3%</u>,质量保证金限额:<u>变更后合同总价的3%</u>; 农民工工资保证金:<u>当期支付额的3%</u>,农民工保证金限额:<u>500</u>万元。
21	17.5.1(1)	承包人向监理人提交交工付款申请单(包括相关证明材料)的份数:<u>6</u>份
22	17.6.1(1)	承包人向监理人提交最终结清申请单(包括相关证明材料)的份数:<u>6</u>份
23	18.2(2)	竣工资料的份数:<u>4</u>份
24	18.5.1	单位工程或工程设备是否需投入施工期运行:<u>否</u> 如单位工程或工程设备需要进行施工期运行,需要施工期运行的单位工程或工程设备规定如下:<u>/</u>
25	18.6.1	本工程及工程设备是否进行试运行:<u>是或否</u> 如本工程及工程设备需要进行试运行,试运行的具体规定如下:<u>/</u>
26	19.7(1)	保修期:自实际交工日期起计算<u>5</u>年
27	20.1	建筑工程一切险的保险费率:<u>3</u>‰
28	20.4.2	第三者责任险的最低投保金额:<u>500</u>万元,事故次数不限(不计免赔额)保险费率:<u>3</u>‰
29	24.1	争议的最终解决方式:<u>仲裁或诉讼</u> 如采用仲裁,仲裁委员会名称:<u>工程所在地市仲裁委员会</u>

二、专用合同条款

1. 一般规定

1.4 合同文件的优先顺序

本款约定为:

组成合同的各项文件应互相解释,互为说明。

解释合同文件的优先顺序如下：

(1) 合同协议书及各种合同附件（含评标期间和合同谈判过程中的澄清文件和补充资料）；

(2) 中标通知书；

(3) 投标函及投标函附录；

(4) 项目专用合同条款（含招标文件补遗书、澄清书中与此有关的部分，如果有）；

(5) 公路工程专用合同条款；

(6) 通用合同条款；

(7) 工程量清单计量规则项目专用本；

(8) 工程量清单计量规则《公路工程标准施工招标文件(2018年版)》；

(9) 技术规范（含招标文件补遗书、澄清书中与此有关的部分，如果有）；

(10) 图纸（含招标文件补遗书、澄清书中与此有关的部分，如果有）；

(11) 已标价工程量清单；

(12) 承包人有关人员、设备投入的承诺及投标文件中的施工组织设计；

(13) 其他合同文件。

1.6 图纸和承包人文件

第1.6.2项最后补充：

承包人提供的文件，审批的程序和权限应符合国家和山东省交通主管部门的规定及发包人发布的有关管理办法。

第1.6.3 图纸的修改

通用合同条款1.6.3项细化为：

图纸需要修改和补充的，应由监理人取得发包人同意后，在该工程或工程相应部位施工前的7天内签发图纸修改图和补充图给承包人。承包人应按修改和补充后的图纸施工。

第1.6.4 图纸的错误

第1.6.4项补充：

承包人在工程实施前，应充分理解设计意图，并对设计文件和现场地形、地物进行认真复核和测量，如发现问题，应及时上报，不得擅自施工，否则因此造成的一切损失或费用增加均由承包人负责。

承包人应能发现的设计文件的明显差错、遗漏或缺陷，因其未能发现或发现后未能及时书面通知监理人并报发包人而造成的任何损失，承包人应承担相应责任。

承包人应对设计图纸中有关工程材料和设备的设计情况进行复核，若发现在施工图纸中有违规指定产品的情况，应及时通知监理人报发包人；若有违规问题未发现或发现后未及时通知监理人报发包人的，需承担相应的责任。

2. 发包人义务

2.3 提供施工场地

本款补充：

发包人提供的施工场地范围：本项目施工图中的永久征地范围，详见图纸。发包人将随着工程的进展，视情况分期移交施工场地给承包人，发包人不保证本合同工程范围内的施工用地能全部一次性移交承包人进行施工，承包人不得以此为由向发包人索赔。

3. 监理人

第3.1.1项补充：

(11)提出更换承包人主要管理人员的建议。

(12)根据4.3及11.5款的规定，提出强制分包建议。

4. 承包人

4.1 承包人的一般义务

4.1.3 完成各项承包工作

本项原文后补充：本项目采用施工图设计进行施工承包招标，进场后，承包人应组织相关技术人员结合施工现场实际情况对施工图进行详细复核，及时发现施工图设计文件中与现场实际情况不符的错误、遗漏等问题，在上报实施性施工组织设计和项目总体进度计划前提出书面修改建议，以杜绝后续施工过程中出现较大及以上设计变更。

5. 材料和工程设备

5.1.1 本项目采用招标方式进行集中采购的材料发包人将不支付材料预付款，且该材料不参与合同专用条款16.1款的价格调整。承包人在投标时依据发包人给出的材料暂定价进行清单报价(暂定价是指发包人提供的在投标截止日期前28天的材料到达施工现场的价格，该价格是承包人投标报价的依据，该价格随发包人制定的最高投标限价一并发布)。承包人在投标报价时应充分考虑材料卸车费、仓储费、加工费、损耗费、税费等与以上材料相关的各种费用，并计入相关子目单价中，发包人不再单独支付相关费用。大宗材料实施集中采购，并不能免除承包人按照合同条款和技术规范所应承担的任何责任。

(1)材料款扣回：

①发包人根据承包人、监理人和供货商共同确认的每月实际采购材料的种类和数量以及确定的采购单价，计算该月应扣材料款并出具扣款通知单，于扣款月15日前通知承包人，承包人经校核认可后，在计量与支付申请中编列扣款细目。

②发包人将从下发扣款通知单的当月开始，从承包人计量与支付中分三期扣回全额材料款，扣回比例：<u>第一期40%，第二期30%，第三期30%</u>。发包人有权利根据实际需要调整扣款的方式或比例。

③如果月工程计量与支付不足以扣回当月应扣的材料款，则该月不予支付，并将余额部分从下一月的计量与支付中扣除，扣完为止。

15. 变更

15.4 变更的估价原则

本款细化为：

15.4.1 如果取消某项工作，则该项工作的总额价不予以支付。

15.4.2 已标价工程量清单中有适用于变更工作的子目的，采用该子目的单价。已标价工程量清单中无适用于变更工作的子目，但有类似子目的，可在合理范围内参照类似子目的单价，由监理人按第3.5款商定或确定变更工作的单价。已标价工程量清单中无适用或类似子目的单价，可在综合考虑承包人在投标时所提供的单价分析表的基础上，由监理人按第 3.5 款商定或确定变更工作的单价。

15.4.3 本款 15.4.2 项确定的原则不适用时,承包人按照国家有关预算编制办法编制子目单价,经监理人审核后报发包人确定。

15.4.4 上述变更单价由跟踪审计单位审定后执行。

15.4.5 按照 15.4.2 确定单价的子目按 16.1.1 款的规定进行价格调整,按照 15.4.3 确定单价的子目不参与价格调整。

15.4.6 如果本工程的变更指示是因承包人过错、承包人违反合同、承包人履行义务不到位或承包人责任造成的,则这种违约引起的任何额外费用应由承包人承担。

补充 15.5.3 项:

15.5.3 按照项目专用合同条款第 4.1.3 项补充约定,为有效控制设计变更,发包人制定设计变更奖惩办法,界定发包人、设计人、承包人、监理人、沿线政府等单位的变更范围和责任;在保证工程质量、进度的前提下,以奖励的形式鼓励各参建单位提供能尽量减少投资的合理化变更建议;以惩罚的形式控制错误、遗漏等不必要变更发生,尤其是控制投资变化增加较大的变更发生。上述相关奖惩应按照发包人制定的设计变更管理奖惩办法执行。

补充第 15.9 款:

15.9 变更其他约定

15.9.1 工程变更时,承包人上报的变更金额应准确,符合实际,不得虚报、多报,与监理审核的变更金额偏差不能超过 20%(审减额/送审额),在此基础上,发包人审批的变更金额偏差不能超过 10%(审减额/送审额),否则发包人按(1－审减额/送审额[监理和发包人审批之和])乘以该项变更审批后的费用进行计量与支付。若在竣工审计时,审减额超过送审额 5%,其效益审计费用由承包人承担,并追究监理人的责任,其不良行为作为不良记录纳入公路建设市场信用信息管理系统。承包人有权提出申诉,委托独立中介机构予以审核论证,费用由承包人承担。

15.9.2 如果承包人为了便于组织施工,或为了施工安全,避免干扰等原因需采取相应的技术措施,而提出局部变更设计,除须得到监理人和发包人批准外,由此而增加的费用应由承包人自行负担。

15.9.3 承包人在路基工程施工前,应认真阅读设计文件,结合实际情况安排路基施工作业,科学调配土方,减少施工对环境的破坏。如未经发包人同意,擅自改变施工组织和设计文件中土方调配计划,由此造成的一切费用增加和相关责任,均由承包人承担,发包人不予支付。

17. 计量与支付

17.1 计量

17.1.2 计量方法

本项约定为:工程的计量应以净值为准,除非项目专用合同条款另有约定。工程量清单中各个子目的具体计量方法按本合同文件工程量清单计量规则中的规定执行。

17.1.3 计量周期

除专用合同条款另有约定外,单价合同的计量按月进行。

17.1.4 单价子目的计量

本项补充:(7)承包人未在已标价工程量清单中填入单价或总额价的工程子目,将被认为其已包含在本合同的其他子目的单价和总额价中,发包人将不另行支付。

17.1.5 总价子目的计量

本项补充:本项目工程量清单中要求承包人以"总额"方式报价的子目,各子目的支付原则和支付进度按项目专用合同条款的规定执行。

17.2 预付款

17.2.1 预付款

本项约定为:预付款包括开工预付款和材料、设备预付款。具体额度和预付办法如下:

(1)开工预付款的金额在项目专用合同条款数据表中约定。在承包人签订了合同协议书且承包人承诺的主要设备进场后,监理人应在当期进度付款证书中向承包人支付开工预付款。

承包人不得将该预付款用于与本工程无关的支出,监理人有权监督承包人对该项费用的使用,如经查实承包人滥用开工预付款,发包人有权立即向银行索赔履约保证金,并解除合同。

(2)材料、设备预付款按项目专用合同条款数据表中所列主要材料、设备单据公路工程标准施工招标文件(2018年版)费用(进口的材料、设备为到岸价,国内采购的为出厂价或销售价,地方材料为堆场价)的百分比支付。其预付条件为:

a.材料、设备符合规范要求并经监理人认可;

b.承包人已出具材料、设备费用凭证或支付单据;

c.材料、设备已在现场交货,且存储良好,监理人认为材料、设备的存储方法符合要求。

则监理人应将此项金额作为材料、设备预付款计入下一次的进度付款证书中。

在预计交工前3个月,将不再支付材料、设备预付款。

17.2.2 预付款保函

本项细化为:承包人无须向发包人提交预付款保函。发包人向承包人支付的预付款,应按照本合同第17.2.1项规定使用,承包人提交的履约保证金对预付款的正常使用承担保证责任。

17.2.3 预付款的扣回与还清

本项约定为:

(1)开工预付款在进度付款证书的累计金额未达到签约合同价的30%之前不予扣回,在达到签约合同价30%之后,开始按工程进度以固定比例(即每完成签约合同价的1%,扣回开工预付款的2%)分期从各月的进度付款证书中扣回,全部金额在进度付款证书的累计金额达到签约合同价的80%时扣完。

(2)当材料、设备已用于或安装在永久工程之中时,材料、设备预付款应从进度付款证书中扣回,扣回期不超过3个月。已经支付材料、设备预付款的材料、设备的所有权应属于发包人。

17.3 工程进度付款

17.3.3 进度付款证书和支付时间

本项(1)目补充:如果该付款周期应结算的价款经扣留和扣回后的款额少于项目专用

合同条款数据表中列明的进度付款证书的最低金额,则该付款周期监理人可不核证支付,上述款额将按付款周期结转,直至累计应支付的款额达到项目专用合同条款数据表中列明的进度付款证书的最低金额为止。

本项(2)目细化为:发包人应在监理人收到进度付款申请单且承包人提交了合格的增值税专用发票后的28天内,将进度应付款支付给承包人。发包人不按期支付的,按项目专用合同条款数据表中约定的利率向承包人支付第四章合同条款及格式逾期付款违约金。违约金计算基数为发包人的全部未付款额,时间从应付而未付该款额之日算起(不计复利)。

本款补充第17.3.5项:

17.3.5 农民工工资保证金

(1)为确保施工过程中农民工工资实时、足额发放到位,承包人应按照项目专用合同条款约定的时间和金额缴存农民工工资保证金。

(2)农民工工资保证金可采用银行保函或现金、支票形式。采用银行保函时,出具保函的银行须具有相应担保能力,且按照发包人批准的格式出具,所需费用由承包人承担。

(3)农民工工资保证金的扣留条件按照项目专用合同条款的约定执行。

(4)农民工工资保证金的返还,项目交工验收之日起28天内无农民工因工资问题出现的上访、阻工等情况发生的,在项目交工验收之日起两个月内全额返还。

17.4 质量保证金

第17.4.1项、第17.4.2项细化为:

17.4.1 从第一个付款周期开始,发包人在每次的进度付款中,按专用合同条款数据表中的约定扣留质量保证金,质量保证金的扣留直至其总额达到专用合同条款数据表约定的金额或比例为止。质量保证金的计算额度不包括预付款的支付及扣回的金额。

17.4.2 交工验收合格后28天内,发包人向承包人支付50%的质量保证金,在第1.1.4.5目约定的缺陷责任期满,且质量监督机构已按规定对工程质量检测鉴定合格,承包人向发包人申请到期应返还承包人剩余的质量保证金金额,发包人应在14天内会同承包人按照合同约定的内容核实承包人是否完成缺陷责任。如无异议,发包人应当在核实后将剩余保证金返还承包人。

17.5 交工结算

17.5.1 交工付款申请单

本项(1)目约定为:承包人向监理人提交交工付款申请单(包括相关证明材料)的份数在项目专用合同条款数据表中约定;期限:交工验收证书签发后42天内。

17.5.2 交工付款证书及支付时间

本项(2)目细化为:发包人应在监理人出具交工付款证书且承包人提交了合格的增值税专用发票后公路工程标准施工招标文件(2018年版)的14天内,将应支付款支付给承包人。发包人不按期支付的,按第17.3.3(2)目的约定,将逾期付款违约金支付给承包人。

17.6 最终结清

17.6.1 最终结清申请单

本项(1)目约定为：

承包人向监理人提交最终结清申请单(包括相关证明材料)的份数在项目专用合同条款数据表中约定；期限：缺陷责任期终止证书签发后28天内。最终结清申请单中的总金额应认为是代表了根据合同规定应付给承包人的全部款项的最后结算。

17.6.2 最终结清证书和支付时间

本项(2)目细化为：

(2)发包人应在监理人出具最终结清证书且承包人提交了合格的增值税专用发票后的14天内，将应支付款支付给承包人。发包人不按期支付的，按第17.3.3(2)目的约定，将逾期付款违约金支付给承包人。

20.保险

20.1 工程保险

本款约定为：

建筑工程一切险的投保内容：为本合同工程的永久工程、临时工程和设备及已运至施工工地用于永久工程的材料和设备所投的保险。

保险金额：工程量清单第100章(不含建筑工程一切险及第三者责任险的保险费)至第700章的合计金额。

保险费率：在项目专用合同条款数据表中约定。

保险期限：开工日起直至本合同工程签发缺陷责任期终止证书止(即合同工期＋缺陷责任期)。

承包人应以发包人和承包人的共同名义投保建筑工程一切险。建筑工程一切险的保险费由承包人报价时列入工程量清单第100章内。发包人在接到保险单后，将按照保险单的费用直接向承包人支付。

20.4 第三者责任险

第20.4.2项补充：

第三者责任险的保险费由承包人报价时列入工程量清单第100章内。发包人在接到保险单后，将按照保险单的费用直接向承包人支付。

20.5 其他保险

本款约定为：

承包人应为其施工设备等办理保险，其投保金额应足以现场重置。办理本款保险的一切费用均由承包人承担，并包括在工程量清单的单价及总额价中，发包人不单独支付。

20.6 对各项保险的一般要求

20.6.1 保险凭证

本项约定为：承包人向发包人提交各项保险生效的证据和保险单副本的期限：开工后56天内。

20.6.3　持续保险"第四章　合同条款及格式"

本项补充：在整个合同期内，承包人应按合同条款规定保证足够的保险额。

20.6.4　保险金不足的补偿

本项细化为：保险金不足以补偿损失的（包括免赔额和超过赔偿限额的部分），应由承包人和（或）发包人按合同约定负责补偿。

20.6.5　未按约定投保的补救

本项（2）目细化为：

（2）由于负有投保义务的一方当事人未按合同约定办理某项保险，或未按保险单规定的条件和期限及时向保险人报告事故情况，或未按要求的保险期限进行投保，或未按要求投保足够的保险金额，导致受益人未能或未能全部得到保险人的赔偿，原应从该项保险得到的保险金应由负有投保义务的一方当事人支付。

第四部分　工程量清单

一、工程量清单说明

1. 本工程量清单是根据招标文件中包括的有合同约束力的工程量清单计量规则、图纸以及有关工程量清单的国家标准、行业标准、合同条款中约定的其他规则编制。约定计量规则中没有的子目，其工程量按照有合同约束力的图纸所标示尺寸的理论净量计算。计量采用中华人民共和国法定计量单位。

2. 本工程量清单应与招标文件中的投标人须知、通用合同条款、专用合同条款、工程量清单计量规则、技术规范及图纸等一起阅读和理解。

3. 本工程量清单中所列工程数量是估算的或设计的预计数量，仅作为投标报价的共同基础，不能作为最终结算与支付的依据。实际支付应按实际完成的工程量，由承包人按工程量清单计量规则规定的计量方法，以监理人认可的尺寸、断面计量，按本工程量清单的单价和总额价计算支付金额；或根据具体情况，按合同条款第15.4款的规定，按监理人确定的单价或总额价计算支付额。

4. 工程量清单各章是按第八章"工程量清单计量规则"、第七章"技术规范"的相应章次编号的，因此，工程量清单中各章的工程子目的范围与计量等应与"工程量清单计量规则""技术规范"相应章节的范围、计量与支付条款结合起来理解或解释。

5. 对作业和材料的一般说明或规定，未重复写入工程量清单内，在给工程量清单各子目标价前，应参阅第七章"技术规范"的有关内容。

6. 工程量清单中所列工程量的变动，丝毫不会降低或影响合同条款的效力，也不免除承包人按规定的标准进行施工和修复缺陷的责任。

7. 图纸中所列的工程数量表及数量汇总表仅是提供资料，不是工程量清单的外延。当图纸与工程量清单所列数量不一致时，以工程量清单所列数量作为报价的依据。

二、工程量清单

描述此项目的合同清单工程量及金额，见表7-2。

工程量清单　　　　　　　　　　　　表7-2

清单　第100章　总则					
子目号	子目名称	单位	单价	数量	合价
101	通则				
101-1	保险费				
101-1-a	按合同条款规定,提供建筑工程一切险	总额	52430	1	52430
101-1-b	按合同条款规定,提供第三者责任险	总额	153	1	153
102-1	竣工文件	总额	10192	1	10192
102-2	施工环保费				
102-2-a	施工环保费	总额	30577	1	30577
102-2-b	扬尘污染防治费	总额	21913	1	21913
102-3	安全生产费	总额	354272	1	354272
102-4	信息化系统(暂列金额)	总额	101923	1	101923
102-5	光电缆保护费(暂列金额)	总额	5096	1	5096
102-6	与既有公路(或铁路)交叉工程协调及交通维护费(暂列金额)	总额	25481	1	25481
102-7	原有道路恢复费(暂列金额)	总额	76442	1	76442
102-8	管理目标风险金	总额	208147	1	208147
103-1	临时道路修建、养护与拆除(包括原道路的养护)	总额	25481	1	25481
103-2	临时占地	总额	50962	1	50962
103-3	临时供电设施架设、维护与拆除	总额	76442	1	76442
103-4	电信设施的提供、维修与拆除	总额	2548	1	2548
103-5	临时供水与排污设施	总额	10192	1	10192
104-1	承包人驻地建设	总额			
105-1	施工驻地	总额	41023	1	41023
105-2	工地试验室	总额	10192	1	10192
105-3	拌和站				
105-3-a	水泥混凝土拌和站	总额	70809	1	70809
105-4	钢筋加工场	总额	50962	1	50962
105-5	预制场				
105-5-a	梁板预制场	总额	178366	1	178366
105-5-b	小型构件预制场	总额	15288	1	15288
105-6	仓储存放地	总额	20385	1	20385
105-7	各场(厂)区、作业连接道路及施工主便道				
105-7-a	主线纵向施工便道	总额	81539	1	81539
清单第100章合计　人民币<u>1520815</u>元					

续上表

清单　第400章　桥梁、涵洞					
子目号	子目名称	单位	单价	数量	合价
401	通则				
401-1	桥梁荷载试验(暂列金额)	总额	20422	1	20422
401-3	地质钻探及取样试验(暂定工程量)				
401-3-a	φ70mm	m	9	100	900
401-3-b	φ110mm	m	11	100	1100
401-4	桥梁桩基无破损检测试验(暂列金额)	总额	6127	1	6127
401-5	梁板荷载试验(暂列金额)	总额	10211	1	10211
403-1-b	基础带肋钢筋(HRB400、RRB400)	kg	5.76	64436	371151
403-2-b	下部带肋钢筋(HRB400、RRB400)	kg	6.05	59902	362407
403-3-a	上部光圆钢筋(HPB300)	kg	6.1	989	6033
403-3-b	上部带肋钢筋(HRB400、RRB400)	kg	6	419679.5	2518077
405-1-g	φ2.0m	m	2479.53	112	277707
410-2-g-2	柱式墩台C30混凝土	m³	883.51	414.48	366197
411-5	后张法预应力钢绞线	kg	9.81	25924	254314
411-7-c-2	C50混凝土	m³	1823.05	1015.3	1850943
清单第400章合计　人民币<u>6045589</u>元					

资料4:本期完工工程数量表。

描述工程项目计量周期内完成的工程部位及工程量,见表7-3。

本期计量意向表

表7-3

序号	细目编号	细目名称	单位	分项(桩号)	部位	图号	交工证书号	本期完成量	计算式	相关附件	备注
1	101-1-a	建筑工程一切险	总额					1		1.保险合同 2.发票	
2	101-1-b	第三者责任险	总额					1		1.保险合同 2.发票	
3	102-3	安全生产费	总额					0.5		安全生产相关资料及发票	
4	102-4	信息化管理费	总额					1		1.信息化管理合同 2.发票	
5	403-1-b	基础带肋钢筋 (HRB400、RRB400)	kg	桩基础工程	1-1号桩	S4-1-1-1	202106240 40501	10356	ROUND(2180.21×3.85+353.5×2.98+79.12×2.98+112.4×2.98+338,0)	桩基钢筋笼加工与安装记录表	
6	403-1-b	基础带肋钢筋 (HRB400、RRB400)	kg	桩基础工程	1-2号桩	S4-1-1-1	202106240 40502	10356	ROUND(2180.21×3.85+353.5×2.98+79.12×2.98+112.4×2.98+338,0)	桩基钢筋笼加工与安装记录表	
7	403-2-b	下部带肋钢筋 (HRB400、RRB400)	kg	下部构造	1-1号墩	S4-1-1-2	202106240 40301	9530	ROUND(1980.21×3.85+353.5×2.98+79.12×2.98+112.4×2.98+282,0)	墩柱钢筋笼加工与安装记录表	

059

7. 任务实施步骤(表7-4)

系统操作表　　　　　　　　　　　　表7-4

序号	操作清单	操作角色	操作依据	完成请打"√"
一	清单计量操作:			
1	登录建设单位账号	发包人		□
2	完成项目配置	发包人	工程概况	□
3	完成合同配置	发包人	合同概况	□
4	推送报表	发包人		□
5	添加参建用户并授权	发包人		□
6	设置计量及变更审批流程	发包人	审批流程说明	□
7	导入原始工程量清单	发包人	合同工程量清单	□
8	设置合同费用条款	发包人	合同费用条款	□
9	登陆施工单位账号	承包人		□
10	新建计量周期	承包人		□
11	添加计量清单,并上传计量附件资料	承包人	本期计量意向表、计量附件相关资料	□
12	审核计量清单	承包人		□
13	提交计量周期给下一级审核	承包人		□
14	登录监理单位账号,审核并提交周期	监理人		□
15	登录建设单位账号,审核并提交周期	发包人		□

五、任务评价标准(表7-5)

任务评价标准　　　　　　　　　　　表7-5

评价维度	评价内容	出勤率(7分)	参与率(8分)	软件(50分)
1	平时表现 (65分)	本项共7分,本次实训,集中在实验室教学,严格考勤,按时作息,一般不允许请假。 　无故缺席或迟到者,缺席或迟到一次扣1分,扣完7分为止; 　若遇特殊情况,需写请假条报院领导批准,无假条则按缺勤处理,出现一次扣1分,扣完7分为止; 　出勤率为零者,本门课程成绩为零	本项共8分,实训期间,需准时完成平台演练和实训报告。推迟一天未上交扣1分,扣完8分为止;推迟两周未上交,本门课程成绩为零	本项共50分,实训期间,教师会带着学生利用教学软件进行计量与支付的实际操作,每位学生都需要分别扮演发包人、监理人和承包人,并分别从发包人、监理人和承包人的角度进行操作考核评定。 (1)发包人考核:20分 ①建项目考核:2分 ②建合同考核:3分 ③建用户考核:2分 ④建流程考核:2分 ⑤计量设置考核:3分 ⑥审核计量清单:4分 ⑦审核附件:2分 ⑧做变更:2分 (2)承包人考核:20分 ①建周期考核:3分 ②做计量:5分 ③审核计量清单:4分 ④审核附件:4分 ⑤导出报表:4分 (3)监理人考核:10分 ①审核计量清单:4分 ②审核附件:6分
2	输出成果 (35分)	清单计量报表 ①计量封面:5分 ②会签表:5分 ③中期支付证书:5分 ④清单计量与支付表:5分 ⑤中间计量汇总表:5分 ⑥中间计量统计表:5分 ⑦中间计量表:5分		

学习任务单8

任务名称:变更计量　　　　　**参考课时**:2

姓名:_____　　**班级**:_____　　**学号**:_____

一、任务描述

通过学习和使用计支宝云平台,基于项目实例,完成一期变更计量操作。

二、教学资源

(1)计支宝云平台(用360极速浏览器打开 https://www.jizhibao.com.cn/)。

(2)学习任务单7"清单计量"教学案例资料1~4。

(3)计支宝云平台操作教学视频(请扫任务单二维码6-1、6-2)。

(4)计支宝变更计量操作手册(请扫任务单二维码8-1)。

任务单二维码8-1
计支宝变更计量操作手册

三、任务目标

根据给定的案例资料以及教学资源等,完成案例中变更工程的计量与支付。

四、任务实施

1. 任务地点及时间

(1)任务地点:_____。

(2)任务时间:20____年____月____日~20____年____月____日,共计2课时。

2. 任务组织形式

(1)全班统一任务,在教师的指导下分小组进行;

(2)指导教师:每班有指导教师1名;

(3)学生自行组成3人小组,分别模拟发包人、承包人、监理人身份登录计支宝云平台;

(4)小组进行任务分析;

(5)查找资料学习;

(6)利用多媒体课件,现场教学;

(7)每个小组根据学习内容展开实操;

(8)小组讨论,对操作步骤进行确认,并输出报表。

3.任务要求

(1)根据任务资料,在系统内完成一期工程变更(含变更通知、变更申请、变更令、变更工程量的计量);

(2)遇到问题时小组内进行讨论,可让教师参与讨论,通过团队合作获取问题的解决方法;

(3)每组编制完成任务并提交装订整齐的任务报告;

(4)加强沟通协调,养成认真负责、严谨细致的工作态度,既要有独立思考的能力,又要有团队合作的意识。

4.任务纪律

(1)为了保证任务获得良好效果,小组成员必须严格遵守各项纪律,发扬团结友爱、互相帮助的精神,克服困难,认真踏实地进行任务。

(2)注意安全,杜绝事故发生。

(3)不能擅自单独行动,外出时必须向指导教师请假。

(4)任务期间严格考勤,不准无故请假。对违纪学生,指导教师有权取消其任务资格,不评定其任务成绩。

5.任务注意事项

(1)熟悉系统操作手册,及教学视频等学习资料;

(2)掌握计支宝云平台的基本流程和操作;

(3)了解合同条款及工程量清单的基本内容;

(4)掌握计量的相关计算操作和需要提供的附件资料;

(5)熟悉变更通知、变更申请、变更令的流程及报表。

6.任务案例资料

资料1:学习任务单7所用计支宝大桥工程概况、工程模型、合同及清单等相关资料。

资料2:施工开工后第二个月,施工单位发现因计支宝大桥6号墩处于县道上方,而县道进行改路后对山体进行开挖,造成6号墩桩基底部高程仅比改路路面高程低3m,因桩基抗倾覆能力较弱,出于安全考虑经四方现场勘察设计会议后决定对计支宝大桥做如下变更:将计支宝大桥6号桩基的桩长增加3m,对6号墩底部高程降低3m。变更详情如表8-1所示。

变更工程量清单表

表 8-1

施工单位：
合同编号：
监理单位：
变更编号：BG-01

序号	变更工程部位	清单编号	清单名称	单位	单价	变更工程数量			变更工程金额（元）			单价来源
						变更前	变更后	变更后－变更前	变更前	变更后	变更后－变更前	
1	6号桩	403-1-b	基础带肋钢筋（HRB400、RRB400）	kg	5.76	10356	12082	1726.00	59650.56	69592.32	9941.76	工程量清单
2	6号墩	403-2-b	下部带肋钢筋（HRB400、RRB400）	kg	6.05	10891	9530	-1361.00	65890.55	57656.50	-8234.05	工程量清单
3	6号桩	405-1-g	φ2.0m	m	2479.53	18	21.00	3.00	44631.54	52070.13	7438.59	工程量清单
4	6号墩	410-2-g-2	柱式墩台 C30 混凝土	m³	883.51	75.36	65.94	-9.42	66581.31	58258.65	-8322.66	工程量清单
合计金额									236753.96	237577.60	823.64	

施工单位： 监理单位： 建设单位：

资料3:由施工单位根据《四方现场勘察会议纪要》(详见表8-2),发起变更通知,并提交监理单位及建设单位进行审核,审核通过后,由建设单位发布变更通知,并由施工单位导出相关报表。

四方现场勘察会议纪要　　　　　　　　　　　　表8-2

计支宝大桥建设项目

四方现场勘察会议纪要

施工单位:　　　　　　　　　　　　　　　　合同段:
监理单位:　　　　　　　　　　　　　　　　本表编号:　　BG-A1-001

时　　间:　　　　　　　　　　　　　　　　地　　点:
主持人:　　　　　　　　　　　　　　　　　记录人:
参加人员:
承包人:　　　　　　　　　　　　　　　　　监理代表:
设计代表:　　　　　　　　　　　　　　　　业　　主:
地方政府:

记录内容:

根据计支宝大桥招标文件15.1合同条款,施工单位项目经理部提出的申请,原设计计支宝大桥6号墩桩基长度为18m。由于6号墩处于县道上方,而县道进行改路后对山体进行开挖,现场开挖至原设计标高后,造成6号墩桩基底部高程仅比改路路面高程低3m,因桩基抗倾覆能力较弱,出于安全考虑,申请对该桥6号墩及桩基的设计标高进行变更。2021年9月7日总监办组织项目办、设计代表、施工单位项目经理就施工单位项目经理部提出的申请召开了现场会议。会议经过现场踏勘、充分讨论,最终达成一致纪要如下:

1. 同意将计支宝大桥6号桩基的桩长增加3m,6号桩基由原设计18m,变更后为21m,桩径不变;
2. 将6号墩底部高程降低3m,6号墩原设计方量为75.36m³,变更后为65.94m³,直径不变;
3. 由设计方根据纪要内容提供设计图纸,具体工程量以设计图纸及现场核量为准。

注明:与会各方各执一份。

资料4:施工单位接到《变更通知》后,根据资料2、3的内容,发起工程变更令的申请,并提交监理单位及建设单位进行审核,审核通过后,由建设单位发布工程变更令。并由施工单位导出相关报表。

7. 任务实施步骤(表8-3)

系统操作表　　　　　　　　　　　　　　　　　表8-3

序号	操作清单	操作角色	操作依据	完成请打"√"
一	变更操作:			
1	登陆施工单位账号,添加变更通知	承包人	现场勘察会议纪要、变更立项审批表	□
2	审核提交变更通知	承包人		□
3	登录监理单位账号,审核提交变更通知	监理人		□
4	登录建设单位账号,审核提交变更通知	发包人		□
5	发布变更通知	发包人		□
6	登陆施工单位账号,添加变更申请及变更清单	承包人	变更前后工程量核查解释、变更申请工程量计算书	□
7	审核提交变更申请	承包人		□
8	登录监理单位账号,审核提交变更申请	监理人		□
9	登录建设单位账号,审核提交变更申请	发包人		□
10	发布变更申请	发包人		□
11	登陆监理单位账号,添加变更令及变更清单	监理人		□
12	审核提交变更令	监理人		□
13	登录建设单位账号,审核提交变更令	发包人		□
14	发布变更令	发包人		□
15	添加变更清单,并上传变更附件资料	承包人		□
16	导出报表	承包人		□

五、任务评价标准(表 8-4)

任务评价标准　　　　　表 8-4

评价维度	评价内容	出勤率(7分)	参与率(8分)	软件(45分)
1	平时表现 (60分)	本项共 7 分,本次实训,集中在实验室教学,严格考勤,按时作息,一般不允许请假。 无故缺席或迟到者,缺席或迟到一次扣 1 分,扣完 7 分为止; 若遇特殊情况,需写请假条报院领导批准,无假条则按缺勤处理,出现一次扣 1 分,扣完 7 分为止; 出勤率为零者,本门课程成绩为零	本项共 8 分,实训期间,需准时完成平台演练和实训报告。推迟一天未上交扣 1 分,扣完 8 分为止;推迟两周未上交,本门课程成绩为零	本项共 45 分,实训期间,老师会带着学生利用教学软件进行计量与支付的实际操作,每位学生都需要分别扮演发包人、监理人和承包人,并分别从发包人、监理人和承包人的角度进行操作考核评定。 (1)发包人考核:15分 ①建项目考核:1分 ②建合同考核:1分 ③建用户考核:1分 ④建流程考核:1分 ⑤计量设置考核:3分 ⑥审核计量清单:2分 ⑦审核附件:3分 ⑧做变更:3分 (2)承包人考核:20分 ①建周期考核:3分 ②做计量:5分 ③做变更:4分 ④审核计量清单:4分 ⑤审核附件:2分 ⑥导出报表:2分 (3)监理人考核:10分 ①审核计量清单:4分 ②审核附件:3分 ③做变更:3分
2	输出成果 (40分)	清单计量报表 ①计量封面:2分 ②会签表:3分 ③中期支付证书:3分 ④清单计量与支付表:3分 ⑤中间计量汇总表:3分 ⑥中间计量统计表:3分 ⑦中间计量表:3分 变更计量报表 ①变更通知封面:2分 ②变更通知立项审批表:3分 ③变更申请单:3分 ④变更工程量清单申报表:3分 ⑤变更令封面:3分 ⑥变更工程量清单申报表:3分 ⑦工程变更令:3分		

学习任务单9

任务名称:清单分项计量　　　　**参考课时**:2

姓名:_____　　**班级**:_____　　**学号**:_____

一、任务描述

通过学习和使用计支宝云平台,基于项目实例,完成一期清单分项计量操作。

二、教学资源

(1)计支宝云平台(用360极速浏览器打开 https://www.jizhibao.com.cn/)。

(2)计支宝云平台操作教学视频(请扫任务单二维码6-1、6-2)。

(3)计支宝清单分项计量操作手册(请扫任务单二维码9-1)。

任务单二维码9-1
计支宝清单分项计量操作手册

三、任务目标

根据给定的案例资料以及教学资源等,完成案例中清单分项的计量与支付。

四、任务实施

1. 任务地点及时间

(1)任务地点:_____。

(2)任务时间:20____年____月____日~20____年____月____日,共计2课时。

2. 任务组织形式

(1)全班统一任务,在教师的指导下分小组进行;

(2)指导教师:每班有指导教师1名;

(3)学生自行组成3人小组,分别模拟发包人、承包人、监理人身份登录计支宝云平台;

(4)小组进行任务分析;

(5)查找资料学习;

(6)利用多媒体课件,现场教学;

(7)每个小组根据学习内容展开实操;

(8)小组讨论,对操作步骤进行确认,并输出报表。

3.任务要求

(1)根据任务案例资料,在系统内完成清单分项的计量;

(2)遇到问题时小组进行讨论,可让教师参与讨论,通过团队合作获取问题的解决方法;

(3)每组编制完成任务并提交装订整齐任务报告;

(4)加强沟通协调,养成认真负责、严谨细致的工作态度,既要有独立思考的能力,又要有团队合作的意识。

4.任务纪律

(1)为了保证任务获得良好效果,小组成员必须严格遵守各项纪律,发扬团结友爱、互相帮助的精神,克服困难,认真踏实地进行任务。

(2)注意安全,杜绝事故发生。

(3)不能擅自单独行动,外出时必须向指导教师请假。

(4)任务期间严格考勤,不准无故请假;对违纪学生,指导教师有权取消其任务资格,不评定其任务成绩。

5.任务注意事项

(1)熟悉系统操作手册,及教学视频等学习资料;

(2)掌握计支宝云平台的基本流程和操作;

(3)了解合同条款及工程量清单的基本内容;

(4)掌握计量的相关计算操作和需要提供的附件资料;

(5)熟悉原始工程量清单的复核。

6.任务案例资料

资料1:项目概况。

项目名称:计支宝万宝大桥

起止里程为K0+000~K4+544,线路全长4.544km

开工日期:2020年1月6日

竣工日期:2022年3月15日

合同工期:800日历天

业主单位:计支宝高速公路集团有限公司

监理单位:计支宝公路工程研究院

施工单位:计支宝万宝建设事业部

资料2:合同协议书,扫右侧二维码9-2。

资料3:合同工程量清单,见工程量清单表9-1。

任务单二维码9-2
合同协议书

工程量清单 表9-1

细目编号	细目名称	单位	单价	合同数量	合同金额
101-1-a	建筑工程一切险	总额	100000.00	1.00	100000
101-1-b	第三者责任险	总额	100000.00	1.00	100000
102-2	安全生产费	总额	100000.00	1.00	100000
102-3	信息化管理费	总额	100000.00	1.00	100000
103-1	临时道路修建、养护与拆除（包括原道路的养护）	总额	100000.00	1.00	100000
103-4	临时供电设施架设、维护与拆除	总额	100000.00	1.00	100000
103-6	供水与排污设施费	总额	100000.00	1.00	100000
103-7	拌和设备安拆	总额	100000.00	1.00	100000
104-1	标准化工地建设费	总额	100000.00	1.00	100000
105-1	保通费	总额	100000.00	1.00	100000
106-4	培训费	总额	100000.00	1.00	100000
106-5	系统测试费	总额	100000.00	1.00	100000
107	施工环保费	总额	100000.00	1.00	100000
403-1-b	基础带肋钢筋（HRB400、RRB400）	kg	5.76	64436	371151
403-2-b	下部带肋钢筋（HRB400、RRB400）	kg	6.05	59902	362407
403-3-a	上部光圆钢筋（HPB300）	kg	6.1	989.00	6033
403-3-b	上部带肋钢筋（HRB400、RRB400）	kg	6.00	419679.50	2518077
405-1-g	φ2.0m	m	2479.53	112.00	277707
410-1-b-3	基础系梁C30混凝土	m³	783.82	46.80	36683
410-2-b-2	盖梁C30混凝土	m³	883.51	93.60	82697
410-2-g-2	柱式墩台C30混凝土	m³	883.51	414.48	366197
411-5	后张法预应力钢绞线	kg	9.81	25924.00	254314
411-8-b-2	预制T梁C50混凝土	m³	1823.05	451.80	823654
清单合计					6398920

资料4：工程数量表见表9-2。

工程数量表

表9-2

材料数量 工程部位	上部结构	基础构造										下部结构								
	现浇箱梁	桩基						系梁			桥墩						盖梁		
		桩1	桩2	桩3	桩4	桩5	桩6	系梁1	系梁2	系梁3	墩1	墩2	墩3	墩4	墩5	墩6	盖梁1	盖梁2	盖梁3
基础带肋钢筋 (HRB400、RRB400)		10356	10356	11506	11506	10356	10356	1870	1870	1870									
下部带肋钢筋 (HRB400、RRB400)											9530	9530	10891	10891	9530	9530			
上部光圆钢筋 (HPB300)	989																		
上部带肋钢筋 (HRB400、RRB400)	419679.5																		
φ2.0m		18	18	20	20	18	18												
基础系梁C30混凝土								15.6	15.6	15.6									
盖梁C30混凝土																	39.9	39.9	39.9
柱式墩台C30混凝土											65.94	65.94	75.36	75.36	65.94	65.94			
后张法预应力钢绞线	25924																		
C50混凝土	1015.3																		
																	5376	5376	5376

资料5：本期计量意向表见表9-3。

本期计量意向表

表9-3

序号	细目编号	细目名称	单位	分项（桩号）	部位	图号	交工证书	本期完成量	计算式	相关附件	备注
1	101-1-a	建筑工程一切险	总额					1		1.保险合同 2.发票	
2	101-1-b	第三者责任险	总额					1		1.保险合同 2.发票	
3	102-3	安全生产费	总额					0.5		安全生产相关资料及发票	
4	102-4	信息化管理费	总额					1		1.信息化管理合同 2.发票	
5	403-1-b	基础带肋钢筋（HRB400，RRB400）	kg	桩基础工程	1-1号桩	S4-1-1-1	JG-01	10356	ROUND(2180.21×3.85+353.5×2.98+79.12×2.98+112.4×2.98+338,0)	桩基钢筋笼加工与安装记录表	
6	403-1-b	基础带肋钢筋（HRB400，RRB400）	kg	桩基础工程	1-2号桩	S4-1-1-1	JG-02	10456	ROUND(2180.21×3.85+353.5×2.98+79.12×2.98+112.4×2.98+338,0)	桩基钢筋笼加工与安装记录表	
7	403-2-b	下部带肋钢筋（HRB400，RRB400）	kg	下部构造	1-1号墩	S4-1-1-2	JG-03	9530	ROUND(1980.21×3.85+353.5×2.98+79.12×2.98+112.4×2.98+282,0)	墩柱钢筋笼加工与安装记录表	

续上表

序号	细目编号	细目名称	单位	分项（桩号）	部位	图号	交工证书	本期完成量	计算式	相关附件	备注
8	405-1-g	φ2.0mm	m	桩基础工程	1-1号桩	S4-1-1-1	JG-04	18	18×1	1.现场报检照片 2.28d强度报告 3.第三方桩基成桩检测报告 4.相应图纸工程数量表页 5.中间交工证书 6.工程数量计算表 7.工程量确认单	
9	405-1-g	φ2.0mm	m	桩基础工程	1-2号桩	S4-1-1-1	JG-05	18	18×1	1.现场报检照片 2.28d强度报告 3.第三方桩基成桩检测报告 4.相应图纸工程数量表页 5.中间交工证书 6.工程数量计算表 7.工程量确认单	
10	410-2-g-2	柱式墩台C30混凝土	m³	下部构造	1-1号墩	S4-1-1-2	JG-06	65.94	$3.14 \times 1^2 \times 21$	1.现场报检照片 2.28d混凝土强度报告 3.相应图纸工程数量表页 4.中间交工证书 5.工程数量计算表 6.工程量确认单	

7. 任务实施步骤

依据上述资料完成工程量清单的核算,见表9-4。

详见系统操作表,见表9-5。

工程量清单核算表　　　　表9-4

细目编号	细目名称	单位	单价	合同数量	核算数量	备注
101-1-a	建筑工程一切险	总额	100000	1		
101-1-b	第三者责任险	总额	100000	1		
102-2	安全生产费	总额	100000	1		
102-3	信息化管理费	总额	100000	1		
103-1	临时道路修建、养护与拆除（包括原道路的养护）	总额	100000	1		
103-4	临时供电设施架设、维护与拆除	总额	100000	1		
103-6	供水与排污设施费	总额	100000	1		
103-7	拌和设备安拆	总额	100000	1		
104-1	标准化工地建设费	总额	100000	1		
105-1	保通费	总额	100000	1		
106-4	培训费	总额	100000	1		
106-5	系统测试费	总额	100000	1		
107	施工环保费	总额	100000	1		
403-1-b	基础带肋钢筋（HRB400、RRB400）	kg	5.76	64436		
403-2-b	下部带肋钢筋（HRB400、RRB400）	kg	6.05	59902		
403-3-a	上部光圆钢筋（HPB300）	kg	6.1	989		
403-3-b	上部带肋钢筋（HRB400、RRB400）	kg	6	419679.5		
405-1-g	$\phi 2.0m$	m	2479.53	112		
410-1-b-3	基础系梁 C30 混凝土	m^3	783.82	46.8		
410-2-b-2	盖梁 C30 混凝土	m^3	883.51	93.6		
410-2-g-2	柱式墩台 C30 混凝土	m^3	883.51	414.48		
411-5	后张法预应力钢绞线	kg	9.81	25924		
411-8-b-2	预制 T 梁 C50 混凝土	m^3	1823.05	451.8		

系统操作表 表 9-5

序号	操作清单	操作角色	操作依据	完成请打"√"
一	清单分项操作：			
1	登录建设单位账号	发包人		□
2	完成项目配置	发包人	工程概况	□
3	完成合同配置	发包人	合同概况	□
4	推送报表	发包人		□
5	添加参建用户并授权	发包人		□
6	设置计量及变更审批流程	发包人	审批流程说明	□
7	导入原始工程量清单	发包人	合同工程量清单	□
8	解锁合同,导入分项条目	发包人		□
9	解锁概算单,添加清单	发包人		□
10	完成施工图核算	发包人		□
11	登陆施工单位账号,建立计量周期	承包人		□
12	完成分项清单计量	承包人	本期计量意向表	□
13	审核并提交周期	承包人		□
14	登录监理单位账号	监理人		□
15	审核并提交周期	监理人		□
16	登录业主账户	发包人		□
17	审核并提交周期	发包人		□
18	导出报表	承包人		□

五、任务评价标准(表9-6)

任务评价标准　　　　　　　　　　　　　　　　　表9-6

评价维度	评价内容	出勤率(7分)	参与率(8分)	软件(50分)
1	平时表现 (65分)	本项共7分,本次实训,集中在实验室教学,严格考勤,按时作息,一般不允许请假。 　　无故缺席或迟到者,缺席或迟到一次扣1分,扣完7分为止; 　　若遇特殊情况,需写请假条报院领导批准,无假条则按缺勤处理,出现一次扣1分,扣完7分为止; 　　出勤率为零者,本门课程成绩为零	本项共8分,实训期间,需准时完成平台演练和实训报告。推迟一天未上交扣1分,扣完8分为止;推迟两周未上交,本门课程成绩为零	本项共50分,实训期间,教师会带着学生利用教学软件进行计量与支付的实际操作,每位学生都需要分别扮演发包方,并分别从发包人、监理人和承包人的角度进行操作考核评定。 (1)发包人考核:20分 ①建项目考核:2分 ②建合同考核:3分 ③建用户考核:2分 ④建流程考核:2分 ⑤计量设置考核:3分 ⑥审核计量清单:4分 ⑦审核附件:2分 ⑧做变更:2分 (2)承包人考核:20分 ①建周期考核:3分 ②做计量:5分 ③审核计量清单:4分 ④审核附件:4分 ⑤导出报表:4分 (3)监理人考核:10分 ①审核计量清单:4分 ②审核附件:6分
2	输出成果 (35分)	清单计量报表 ①计量封面:5分 ②会签表:5分 ③中期支付证书:5分 ④清单计量与支付表:5分 ⑤中间计量汇总表:5分 ⑥中间计量统计表:5分 ⑦中间计量表:5分		